Benjamin Fadavian (Hrsg.)

Transparente Staatstätigkeit

AF214615

Benjamin Fadavian (Hrsg.)

Transparente Staatstätigkeit

© 2016 Benjamin Fadavian

Mit Beiträgen von: Benjamin Fadavian, Dieter Rehfeld, René Schneider, Jorma Klauss, Dieter Hofmann, Sebastian Schwiering, Benjamin Heese, Oliver Mersmann/Jonas Abs, Hanna Brauers, Georg Dietlein

Verlag: tradition GmbH, Hamburg
ISBN Taschenbuch: 978-3-7345-5008-9
ISBN e-Book: 978-3-7345-5009-6

Bibliografische Information der Deutschen Nationalbibliothek

Die Deutsche Nationalbibliothek verzeichnet diese Publikation in der Deutschen Nationalbibliografie; detaillierte bibliografische Daten sind im Internet über http://dnb.d-nb.de abrufbar.

Inhaltsverzeichnis

Vorwort

Die Themen Offenheit und Transparenz bilden seit Beginn der Moderne Eckpfeiler demokratischer Staatlichkeit. Ein Staat, in dem wesentliche Entscheidungen geheim, mithin im stillen Kämmerlein, getroffen werden, trifft auf keine Akzeptanz in der Bevölkerung.

Offenheit und Transparenz sind Bedingung für persönliche und politische Freiheit, ökonomischen Erfolg und demokratische Teilhabe. Nicht zufällig sind in der ehemaligen Sowjetunion wesentliche politische Veränderungen von historischer Tragweite unter dem Stichwort Glasnost (russisch: Offenheit, Öffentlichkeit, Transparenz) angestoßen worden. Sie führten in ihrer Konsequenz, wenn auch von der Staatsführung nicht so beabsichtigt, zu einem (wohl nur vorläufigen) Ende des Ost-West-Konflikts und zu der Einsicht, dass jede Gesellschaft ein Recht auf politische Selbstbestimmung hat. Wohl ohne sich der historischen Bedeutung seiner Worte bewusst gewesen zu sein, formulierte *Gorbatschow* richtigerweise: „Ohne Glasnost gibt es keine Demokratie, und es kann sie auch nicht geben. (…) Man braucht Glasnost im Zentrum, aber eben so sehr, ja vielleicht sogar noch mehr an der Basis, dort, wo der Mensch lebt und arbeitet." (XXVII. Parteitag der KPdSU am 25. Februar 1986)

Wo und wie sich ein Gemeinwesen im Spannungsfeld zwischen Offenheit und Vertraulichkeit einordnet, ist insofern eine grundlegende, den Staat konstituierende, Wertentscheidung. Eine dauerhaft geschlossene politische und gesellschaftliche Kultur erstickt Innovation, hemmt Kreativität und gefährdet letztlich die Demokratie. Gleichzeitig kann jedoch nicht alles offen und transparent sein: Es gibt ein legitimes Bedürfnis nach Geheimnissen und

Informalität, das insbesondere das Privatleben der Menschen oder Geschäftsinterna umfasst.

Ein wesentliches Kriterium, ob ein Staat als offen und transparent eingeordnet werden kann, ist daher in der Frage zu sehen, ob die öffentliche Gewalt – insbesondere Politik und Verwaltung – offen und transparent handelt. Gleichzeitig ist von Interesse, ob auch große, nicht-staatliche, gesellschaftliche Akteure eine Kultur der Offenheit vorleben. Wie ist es also im Hier und Jetzt um Offenheit und Transparenz bestellt? Und wo sind Grenzen legitimen Transparenzstrebens zu erkennen?

Diese und weitere Fragen möchte das vorliegende Buch praxisnah und pointiert aufgreifen, ohne dabei einen Anspruch auf Vollständigkeit zu erheben. Die Auswahl der Autoren und Themen ist dabei bewusst weit gehalten und soll die Vielfalt einschlägiger Lebensbereiche aufzeigen, in welche die Themen Offenheit und Transparenz hineinspielen. Aus der Zusammenschau der Beiträge und aus jedem einzelnen Beitrag selbst ergeben sich Erkenntnisse, die den verschiedensten gesellschaftlichen Akteuren theoretischen und praktischen Nutzen vermitteln können. Dabei wird deutlich, dass Transparenz ein Querschnittsthema ist, über das ein Einstieg in Tiefen anderer Themenbereiche vorgenommen werden kann. Begründet liegt dies freilich darin, dass mit dem Wort „Transparenz" mehr eine Methode als ein konkreter Inhalt, mehr ein „Wie" als ein „Was" beschrieben wird. So verwundert es nicht, dass jeder Autor das Thema Transparenz gerade aus seiner eigenen, fachlichen – gleichwohl subjektiven – Perspektive heraus beleuchtet und interessierten Lesern dadurch gleichzeitig einen spannenden Einblick in ganz unterschiedliche Zusammenhänge vermittelt. Gerade dieser interdisziplinäre Ansatz ermöglicht allen Lesern eine spannende Lektüre.

Eben diese sei Ihnen herzlich gewünscht! Allen Autoren ist für die zügige Realisierung und meinem Kölner Kollegen Dr. Maik Bäumerich für die kritischen Gespräche mein herzlicher Dank versichert! Dem Direktor des Seminars für Staatsphilosophie und Rechtspolitik der Universität zu Köln, Herrn

Prof. Dr. Otto Depenheuer, gilt mein grundsätzlicher Dank für das Vorleben und die Gewährleistung größtmöglicher Wissenschaftsfreiheit.

Köln, im September 2016

Benjamin Fadavian

Benjamin Fadavian

Transparenz als Rechts- und Politikprinzip – ein einleitendes Essay

Wer es sich zur Gewohnheit gemacht hat, in regelmäßigen Abständen das aktuelle Politik- und Zeitgeschehen zu verfolgen, kommt nicht umhin, festzustellen, dass das gegensätzliche Themenpaar „Transparenz und Verschlossenheit" einen Grundpfeiler der fortwährenden politischen Diskussion bildet. Wahrheit und Objektivität – so es so etwas denn geben kann – sind nicht jedem von Nutzen und es verwundert daher wenig, dass derjenige, dem eine wahrheitsgemäße Darstellung der Umstände schaden kann, diese tunlichst zu vermeiden sucht. Das war vermutlich immer so und so kann und will dieser Beitrag kein anthropologisches Klagelied auf den Umgang der Menschheit mit Wahrheit und Lüge singen. Deutlich soll jedoch werden, dass im Streben nach wahrer Erkennbarkeit und in der Furcht vor Lüge und Schwindel Grundkonstanten des menschlichen Daseins erblickt werden können, die sich in der Rechtssetzung und insbesondere im politischen Betrieb niederschlagen.

Erscheinungsformen politischen Wissenwollens

Einige – freilich völlig unterschiedliche – Beispiele sollen dies verdeutlichen:

– Nach dem gescheiterten Putschversuch in der Türkei vom 15. Juli 2016 hat Amnesty International nach eigenen Angaben glaubwürdige Hinweise auf Misshandlungen und Folter von festgenommenen Verdächtigen in der Türkei. Die Menschenrechtsorganisation forderte die Türkei auf, unabhängigen Beobachtern Zugang zu allen Einrichtungen zu gewähren, in denen die mehr als 13.000 Verdächtigen festgehalten würden.[1]

- Die häufig und zu Recht kritisierte Drittmittelforschung an deutschen Universitäten[2] veranlasste den Journalisten *Thomas Leif*, Chefreporter des Südwestdeutschen Rundfunks, zu einer erfolgreichen Klage auf Offenlegung von Vertragsdokumenten zwischen der Boehringer Ingelheim Stiftung und der Universität Mainz, welche insgesamt eine 150 Millionen Euro schwere Forschungsfinanzierung zum Gegenstand haben.[3]

- Im Zuge der Enthüllungen über Aktivitäten ausländischer (und inländischer) Geheimdienste hat der Deutsche Bundestag am 20. März 2014 einen Untersuchungsausschuss zur NSA-Affäre („NSA-Untersuchungsausschuss") eingesetzt, der Ausmaß und Hintergründe der Ausspähungen durch ausländische Geheimdienste in Deutschland aufklären soll.[4]

- Die Verhandlungen zwischen der Europäischen Union und den Vereinigten Staaten über eine Transatlantische Handels- und Investitionspartnerschaft (TTIP) sind auf ein (in politisch-juristischen Fachvorgängen in diesem Ausmaß nicht gekanntes) leider negatives Echo, insbesondere in Deutschland, gestoßen, das wesentlich darin begründet liegt, dass intransparente Verhandlungen stattfinden, deren Ergebnisse nur ganz wenigen Menschen zugänglich sind, jedoch für eine Vielzahl von Menschen Wirkungen zeitigen.[5]

---

[1] http://www.n-tv.de/politik/Amnesty-Tuerkei-foltert-Haeftlinge-article18265276.html.
[2] Siehe hierzu beispielsweise *Edgar Wagner / Stefan Brink*: Informationsfreiheit und Transparenz in der Drittmittelforschung, in: LKRZ 2014, 1ff.
[3] http://www.spiegel.de/unispiegel/studium/uni-mainz-muss-vertraege-mit-boehringer-ingelhei→m-stiftung-offenlegen-a-1091956.html; In eine andere Richtung geht jedoch *OVG Münster*, NVwZ 2016, 1025.
[4] https://www.bundestag.de/bundestag/ausschuesse18/ua/1untersuchungsausschuss; Siehe zudem *Bertold Huber / Hans de With*: Der unverzichtbare Zeuge – Recht und Pflicht zur Vernehmung Edward Snowdens vor dem NSA-Untersuchungsausschuss, in: NJW 2014, 268.
[5] Siehe hierzu *Julia Sackmann*, Im Schatten von CETA und TTIP, Zur Verfahrenstransparenz in Intra-EU-Investitionsschiedsverfahren, in: SchiedsVZ 2015, 15; Siehe zudem http://www.→bmwi.de/DE/Themen/Aussenwirtschaft/Freihandelsabkommen/TTIP/transparenz-ttip.html.

Systematische Einordnung

All diesen Beispielen ist trotz ihrer Unterschiedlichkeit gemein, dass in erster Linie keine Politik- oder Rechtsgestaltung mit einer tatsächlichen Rechtswirkung nach außen intendiert ist, sondern dass das zuvörderst geäußerte und rechtlich artikulierte Ziel darin besteht, zunächst einmal schlichte Informationen als aggregierte Daten zu erlangen. Erst der Zugriff auf die jeweilige Information ermöglicht die eigenständige Bildung einer Meinung, deren Freiheit ausweislich der Rechtsprechung des Bundesverfassungsgerichts für die freiheitlich-demokratische Grundordnung schlechthin konstituierend ist.[6] Weil Wissen in der heutigen Informations- und Wissensgesellschaft tatsächlich Macht ist und (wahres) Wissen nur auf Grundlage der Übermittlung von Tatsachen erlangt werden kann, ist der Zugang zu wahren Informationen notwendige Voraussetzung für eine freie Meinungsbildung.[7] Die freie Meinungsbildung wiederrum ist Voraussetzung für echte demokratische Teilhabe.[8] Letztlich erklärt sich so, warum sich das Ringen über den Zugang zu Informationen verstärkt hat. Im Zugang zu Wissen liegt der Schlüssel zu eigenem klugen Verhalten bzw. zur Aufdeckung von unklugem oder rechtswidrigem Verhalten anderer. Wer den eigenen Informationsfluss und den Informationszugang anderer kontrolliert, verfügt über einen strategischen Vorteil, der nicht hoch genug eingeschätzt werden kann. Es kommt nicht von ungefähr, dass gerade die Rechtswissenschaft wegen ihrer juristischen Expertise als „Herrschaftswissenschaft"[9] bezeichnet wird, hält sie doch das gesammelte Wissen über die rechtlichen Hintergründe unseres Gemeinwesens bereit und lässt sich dieses meist nur teuer abkaufen. Wissen ist Herrschaft

---

[6] BVerfGE 7, 198 (207ff.).

[7] Vgl. auch *Martin Kriele*, Einführung in die Staatslehre, 5. Aufl., Opladen 1994, S. 267: „Im großen und ganzen behält die Wahrheit doch einen Überschuß an Überzeugungsfähigkeit".

[8] *Mathias Hong*, Das Recht auf Informationszugang nach dem Informationsfreiheitsgesetz als Recht zur Mobilisierung der demokratischen Freiheit, in: NVwZ 2016, 953 (954) sieht im Recht auf Informationszugang zu Recht ein subjektives Recht zum Schutz der demokratischen Freiheit.

[9] *Michael Hartmann*, Soziale Ungleichheit – Kein Thema für die Eliten?, Frankfurt/New York 2013, S. 82.

und Herrschaft ist begehrt. Nicht umsonst wird das Thema Transparenz unter anderem als „one of the hot topics in international law"[10] bezeichnet.

Politisch-juristische Bestandsaufnahme

Ein freiheitlich-demokratischer Rechtsstaat ist sich dieses Befundes bewusst und hält folgerichtig rechtliche Instrumente bereit, die eine Wissens- und damit eine Herrschaftskonzentration auf nur wenige verhindern sollen. Ähnlich wie eine Kartellbehörde hat der Staat Wissens- und Herrschaftsmonopole zu zerschlagen und auf eine möglichst gleichmäßige Verteilung von Herrschaftswissen hinzuarbeiten. Wissens- und Herrschaftskartelle darf es nicht geben. Ziel der staatlichen Intervention kann dabei freilich nicht sein, eine vollständige Gleichstellung der Wissenden zu erreichen oder vorhandenes geistiges Eigentum anzutasten. Erforderlich ist jedoch, dass alle Teile der Gesellschaft gleiche Möglichkeiten zur Wissenserlangung haben. Insofern sind nicht nur Fragen der Informationsfreiheits- und Datenpolitik, sondern auch klassische Fragen der Bildungspolitik,[11] um die es in letzter Zeit trotz gravierender Fehlentwicklungen unverständlicherweise recht leise geworden ist, in den Fokus zu rücken.

Der Staat ist in der vorbezeichneten Rolle in einer sehr speziellen Situation. Immerhin ist er – neben einigen internationalen Playern wie Google & Co – in aller Regel Kontrolleur und Kontrollierter in einem. Unverkennbar ist nämlich, dass gerade staatliche Stellen selbst zu einer starken Wissens- und Datenansammlung neigen, sind doch auch gerade sie diejenigen, die im Rahmen der tagtäglichen Verwaltung öffentlicher Belange einer Vielzahl von Daten begegnen, diese aufnehmen, speichern und – potenziell – weiterverwenden oder für sich behalten können.[12]

---

[10] *Julia Sackmann*, Im Schatten von CETA und TTIP, Zur Verfahrenstransparenz in Intra-EU-Investitionsschiedsverfahren, in: SchiedsVZ 2015, 15 (15) m.w.N., u.a. *Stephan Schill*, Transparency as a Global Norm in International Investment Law, Kluwer Arbitration Blog, abrufbar unter: http://kluwerarbitrationblog.com/2014/09/15/transparency-as-a-global-norm-in-internati→ onal-investment-law/.

[11] Lesenswert *Harald Christ*, Deutschlands ungenutzte Ressourcen, München 2011.

[12] *Martina Adler*, Zugang zu staatlichen Informationen quo vadis?, in: DÖV 2016, 630 (630).

Aus dieser Erkenntnis heraus lassen sich viele gesetzliche Bestimmungen erklären, von denen manche schon sehr alt, einige jedoch gerade in letzter Zeit vermehrt im Fokus von Wissenschaft und Praxis standen.

So sind parlamentarische Debatten in Bundestag und Bundesrat, parlamentarische Anhörungen und staatliche Rechtssetzungsakte per se und von Verfassungs wegen öffentlich (Art. 42 Abs. 1, 52 Abs. 3 S. 3, 76, 77, 82 Abs. 1 GG).[13]

1994[14] wurde zudem mit dem Umweltinformationsgesetz des Bundes (UIG) das Recht auf freien Zugang zu Umweltinformationen geschaffen. Als Wegweisung und Paradigmenwechsel[15] ist derweil das Informationsfreiheitsgesetz (IFG) des Bundes, das seit dem 01.01.2006 in Kraft ist, zu bezeichnen. So macht § 1 Abs. 1 S. 1 IFG programmatisch deutlich, dass jeder nach Maßgabe dieses Gesetzes Anspruch auf Zugang zu amtlichen Informationen hat. Eine Ablehnung des Informationsbegehrens ist nur dann möglich, wenn eine gesetzliche Grundlage hierfür besteht, beispielsweise wenn besondere öffentliche Belange, behördliche Entscheidungsprozesse, personenbezogene Daten, geistiges Eigentum oder Betriebs- oder Geschäftsgeheimnisse in Rede stehen (§§ 3-6 IFG). Deutlich wird also, dass eine Umkehr stattgefunden hat. Nicht mehr die auskunftbegehrende Person, sondern die auskunftverweigernde Behörde[16] benötigt einen speziellen Rechtstitel zur Begründung ihrer Handlung. Schließlich soll auch noch das Informationsweiterverwendungsge-

---

[13] *Otto Depenheuer*, Einführung, in: ders. (Hrsg.), Öffentlichkeit und Vertraulichkeit – Theorie und Praxis der politischen Kommunikation, Wiesbaden 2001, S. 8.

[14] Zu beachten ist indes, dass gemäß Art. 9 Abs. 1 der Richtlinie 90/313/EWG des Rates vom 07.06.1990 die Umsetzung bis zum 31.12.1992 hätte erfolgen müssen. Deutschland war demnach zwischen 1992 und 1994 umsetzungssäumig. Vgl. hierzu *Benjamin Fadavian*, Entwicklung und Durchsetzung des Umweltinformationsgesetzes (UIG), 2013, abrufbar unter: http://www.→ kommimpuls.de/2013/01/entwicklung-und-durchsetzung-des-umweltinformationsgesetzes-uig/.

[15] *Mathias Hong*, Das Recht auf Informationszugang nach dem Informationsfreiheitsgesetz als Recht zur Mobilisierung der demokratischen Freiheit, in: NVwZ 2016, 953 (953); *Oliver Reinhart*, Das gläserne Amt, in: DÖV 2007, 17 (18); Siehe auch *Maik Bäumerich*, Urteilsanmerkung in: NWVBl. 2015, 389.

[16] Siehe hierzu *Torsten Hartleb*, Der behördlicherseits vereitelte IFG-Anspruch, in: NVwZ, 2009, 825.

setz (IWG) und das Verbraucherinformationsgesetz (VIG) des Bundes,[17] ebenso wie der Umstand benannt werden, dass in den Ländern zahlreiche Informationsfreiheitsgesetze verabschiedet wurden[18] und selbst auf kommunaler Ebene über so genannte Transparenzsatzungen versucht wird, Offenheit zu demonstrieren.[19]

Offenheit als Trend und rechtspolitisches Argument

Die vorgenannten Aktivitäten zeitigen selbstredend eine Vielzahl an Folgewirkungen. In Gesellschaft und Wissenschaft machen sich die ersten auf, Staat und Verwaltung auf dem Weg zu einer offenen, smarten und vernetzten Verwaltungskultur zu sehen.[20] Die Open-Data-Bewegung[21] fordert umso intensiver, sämtliche veröffentlichungsfähige Datenbestände des Staates auch tatsächlich zu veröffentlichen.[22] Bund,[23] Länder[24] und Kommunen[25] haben Datenportale eingerichtet, um dem öffentlichen Verlangen nach Transparenz zu genügen. Im April 2016 hat die Bundesregierung darüber hinaus in einer Erklärung zum Deutsch-Französischen Ministerrat die Teilnahme Deutschlands an der Open Government Partnership (OGD) – einem Zusammenschluss aus weltweit 69 Ländern – bekanntgegeben.[26]

---

[17] Siehe hierzu *Ulrich Wurstmann*, Gesetz zur Verbesserung der gesundheitsbezogenen Verbraucherinformation – Verbraucherinformationsgesetz (VIG) – Rechtsprechungsübersicht, in: BayVBl. 2015, 181.

[18] *Maik Bäumerich*, Urteilsanmerkung in: NWVBl. 2015, 389 (389).

[19] Eine Mustersatzung ist beispielsweise unter http://www.nrw-blickt-durch.de/fa/pdf/→ transparenz_satzung_nrw.pdf abrufbar.

[20] Jörn von Lucke (Hrsg.), Staat und Verwaltung auf dem Weg zu einer offenen, smarten und vernetzten Verwaltungskultur, Berlin 2012.

[21] Vgl. *Jean-Louis Monino*, Big Data, Open Data and Data Development, New York 2016.

[22] Vgl. hierzu u.a. *Christian Hoffmann/Sönke E. Schulz*, Open Data für Kommunen, in: KommJur 2014, 126; *Benjamin Fadavian*, Open Data in kleinen und großen Kommunen, in: Städte- und Gemeinderat 3/2015, S. 21.

[23] https://www.govdata.de/.

[24] Vgl. etwa https://open.nrw/de/dat_kat.

[25] Vgl. etwa http://offenedaten.aachen.de/; http://www.offenedaten-koeln.de/; http://opendata.→ bonn.de/.

[26] https://www.bundesregierung.de/Content/DE/Pressemitteilungen/BPA/2016/04/2016-04-07-deutsch-franz%C3%B6sischer-ministerrat.html; Kritisch *Göttrik Wewer*, Im eigenen Interesse? Deutschland und die Open Government Partnership, in: Verwaltung und Management 2014, S. 171ff.; Dazu: *Jörn von Lucke/Christian Herzog/Christian Heise*, In unserem eigenen

All dies hat auf die organische Entwicklung des Rechts (Savigny) selbstredend Einfluss. Immer intensiver wird zur Zeit darüber diskutiert, ob dem Grundgesetz unmittelbar ein Recht auf Informationszugang entnommen werden kann.[27] Wird dies – wie zumeist – abgelehnt, wird rechtspolitisch erwogen, Art. 5 GG um einen Absatz 2a zu ergänzen, der wie folgt lauten könnte: „Jeder Mensch hat das Recht auf Zugang zu den Daten der vollziehenden Gewalt, soweit nicht schutzwürdige öffentliche Interessen oder Rechte Dritter verletzt werden. Das Nähere regelt ein Gesetz."[28]

Auf europäischer Ebene wird das Thema Transparenz ohnehin vorangetrieben. So war schon für den Erlass des Umweltinformationsgesetzes aus dem Jahr 1994 die Richtlinie 90/313/EWG des Rates und nicht etwa ein genuin deutscher Entschluss ausschlaggebend. Auch das Informationsweiterverwendungsgesetz (IWG) – für das die Bundesebene ihre Gesetzgebungskompetenz interessanterweise auf Art. 74 Abs. 1 Nr. 11 GG (Recht der Wirtschaft) gestützt hat[29] – ist in Umsetzung einer europäischen Richtlinie (2003/98/EG), der so genannten PSI[30]-Richtlinie, erfolgt. Die hinter diesen Transparenzbestrebungen liegenden Ideen stehen einer staatsphilosophischen Tradition nahe, die insbesondere in England verwurzelt ist. Ob und inwieweit der nahende Brexit dazu führt, dass durch den Wegfall eines Treibers und Befürworters staatlicher Offenheit europäische Transparenzinitiativen schwächer werden, bleibt abzuwarten.

Interesse! Replik auf Göttrik Wewer zum Beitritt Deutschlands zur Open Government Partnership, in: Verwaltung und Management 2014, S. 187ff.

[27] *Martina Adler*, Zugang zu staatlichen Informationen quo vadis?, in: DÖV 2016, 630 (633); *Thilo Weichert*, in: Wolfgang Kilian/Benno Heussen (Hrsg.), Computerrechts-Handbuch, 26. Ergänzungslieferung, München 2008, Teil 13, Rn. 45; *Friedrich Schoch*, in: ders. (Hrsg.), Informationsfreiheitsgesetz Kommentar, 2. Aufl. München 2016, Einl. Rn. 295ff.; Zu einem verfassungsunmittelbaren Recht auf Open-Data vgl. den Bericht über die Ausführungen von *Dirk Heckmann*, abrufbar unter: http://www.heise.de/newsticker/meldung/Internetrechtler-fordert-Open-Data-Gesetz-1962227.html.

[28] *Martina Adler*, Zugang zu staatlichen Informationen quo vadis?, in: DÖV 2016, 630 (637) m.w.N., u.a. BT-Drs. 12/6000.

[29] *Gernot Sydow*, Informationsgesetzbuch häppchenweise, in: NVwZ 2008, 481 (484).

[30] Public Sector Information.

Erkenntnistheoretische Prämissen und rechtsphilosophische Metaebene

Selten wird indes danach gefragt, welche erkenntnistheoretischen Prämissen hinter den allgegenwärtigen Transparenzinitiativen stehen. Häufig schwingt in einem allzu schnell geäußerten Transparenzwunsch nämlich der Gedanke mit, alles – insbesondere politische Auffassungen und Entscheidungen – ließen sich stets rational erklären und könnten bei Zugrundelegung einer breiten Faktenbasis „richtig" getroffen werden. Es scheint, als könnten mit der richtigen Zahlenbasis aktuelle Phänomene restlos ergründet und Irrationalitäten beseitigt werden:[31] Menschliche Willkür steht hiernach dem richtigen Algorithmus nach; Anliegen oder Entscheidungen können nicht stimmen, wenn das Programm sie nicht abbilden kann.[32] Unter den Stichwörtern „Smart Politics" und „Smart Legislation" wird sogar ein intelligent vernetztes politisches Handeln sowie eine intelligent vernetzte Gesetzgebung auf Basis gesammelter und ausgewerteter Daten gefordert bzw. diskutiert.[33]

Vergessen wird dabei jedoch allzu oft, dass es *die eine* richtige Entscheidung nicht gibt. „Politik ist keine exakte Wissenschaft"[34] sagte *Frank-Walter Steinmeier* und nuancierte eine Erkenntnis *Otto von Bismarcks*, nach der Politik keine Wissenschaft, sondern eine Kunst sei.[35] Und in der Tat mangelt es bis heute an überzeugenden politischen Erklärungsmodellen neuzeitlicher Phänomene. Allzu oft erschöpft sich die Politikwissenschaft in der Darstellung, Kategorisierung und Kommentierung vergangener oder aktueller Ereignisse, vermag jedoch trotz des Zugangs zu Abermillionen Daten und Informationen über logische Erklärungen aktueller Phänomene nicht zu verfügen. Dass zwei wesentliche politische Ereignisse der vergangenen Jahre – die

---

[31] Vgl. grundlegend *Otto Depenheuer*, Vermessenes Recht – Das Gemeinwesen im Netz der Zahlen, Paderborn 2013.

[32] *Nadja Braun Binder*, Vollautomatisierte Verwaltungsverfahren im allgemeinen Verwaltungsverfahrensrecht?, in: NVwZ 2016, 960 (963) weist zutreffend darauf hin, dass das Vorliegen des Tatbestandsmerkmals der *Maßnahme einer Behörde* (§ 35 S. 1 VwVfG) bei vollautomatisierten Verwaltungsakten fraglich wäre.

[33] *Jörn von Lucke*, White Paper Smart Government, S. 4., abrufbar unter: https://www.zu.de/→ institute/togi/assets/pdf/ZU-150914-SmartGovernment-V1.pdf.

[34] *Frank-Walter Steinmeier*, im Stern 12/2009, S. 44.

[35] *Otto von Bismarck*, Rede vor dem Deutschen Reichstag am 18.03.1884, Protokoll mit entsprechender Passage abrufbar unter:http://www.reichstagsprotokolle.de/Blatt3_k5_bsb00018445_→ 00101.html.

Finanzkrise aus 2009 und die Flüchtlingskrise aus 2015 – die westliche Welt völlig unvorbereitet trafen, darf als Indiz hierfür gewertet werden.[36] Und ob das Selfie, das *Angela Merkel* mit einem ankommenden Flüchtling machen ließ, tatsächlich dazu geführt hat, dass mehr Flüchtlinge den Weg nach Deutschland gesucht haben: Wer weiß es wirklich zu 100 Prozent?

Politik hat richtigerweise immer ein gewisses irrationales Moment, ein Moment der Mantik und der unbegründbaren Überzeugung.[37] Freilich darf dieses Moment einen verantwortungsvollen Politiker und ebenso den verantwortungsbewussten Wähler nicht dominieren, denn gegen rationale Argumente nur über ein Bauchgefühl zu argumentieren, dürfte wenig zielführend sein. Es jedoch auf technokratische Art und Weise vollständig zu ignorieren, macht aus Menschen Technokraten und aus subjektivem Wahlverhalten einen (so nicht existenten und auch nicht wünschbaren) Algorithmus. Wahrheit gibt es nur „lebensweltlich"[38], auch das rational nicht Verstehbare ist in gewissen Grenzen im öffentlichen Diskurs zu respektieren.[39] Insofern muss es auch innerhalb öffentlich-rechtlicher Strukturen einen geschützten Raum genuiner Vertraulichkeit geben können. Wo dieser legitimerweise sein Anfang und sein Ende hat, ist eine kontingente einfach-gesetzliche Entscheidung.

Denklogische Ebenen zur Näherung praktischer Transparenz

Letztlich führt eine sinnvolle Näherung an das Thema Transparenz nicht daran vorbei, verschiedene denklogische Ebenen zu bilden, um eine praktische Handhabe dieses janusköpfigen Rechts- und Politikprinzips zu gewährleisten.

---

[36] Dass mit *Max Otte* zumindest ein Ökonom die Finanzkrise vorhersah, darf, wenn nicht als Zufall, dann als regelbestätigende Ausnahme angesehen werden. Vgl. *Max Otte*, Der Crash kommt. Die neue Weltwirtschaftskrise und wie Sie sich darauf vorbereiten, Berlin 2006.
[37] So auch *Martin Kriele*, Einführung in die Staatslehre, 5. Aufl., Opladen 1994, S. 263: „Politische Meinungen sind wie Spitzen von Eisbergen; was sie letztlich bestimmt, bleibt unter der Oberfläche des Bewußtseins."
[38] *Otto Depenheuer*, Solidarität im Verfassungsstaat, 2. Aufl., Norderstedt 2016, S. 21.
[39] *Otto Depenheuer*, Solidarität im Verfassungsstaat, 2. Aufl., Norderstedt 2016, S. 21; *Georg Büchner*, Dantons Tod, 1. Akt, 1. Szene: (Hérault:) „Wir sind alle Narren, es hat keiner das Recht, einem andern seine eigentümliche Narrheit aufzudrängen."

Auf einer ersten Ebene ist mit den aufgezeigten Entwicklungen (wie dem zunehmenden Erstarken informationsfreiheitlicher Gesetzgebung) festzuhalten, dass tatsächlich ein Bedürfnis großer verwaltungsseitiger Transparenz besteht. Von der Bundes- bis zur kommunalen Ebene sind keine Gründe ersichtlich, die ein altes Staatsverständnis nach dem Grundsatz *l'état, c'est moi* noch rechtfertigen könnten. Es ist gut, wenn sich Bund, Länder und Kommunen aufmachen, ihre Verwaltungen zu öffnen und sich ansprechbar für die Belange der Bevölkerung zeigen. Öffentlich und durch Steuergelder finanzierte Institutionen ziehen ihre Daseinsberechtigung aus der Rückkopplung der sie tragenden Menschen und nicht aus sich selbst heraus. Sie haben daher ihr Handeln und auch ihre Informationspolitik an den Interessen aller zu orientieren und dem Gemeinwesen zu dienen. Es ist kein Grund ersichtlich, Vorgänge der Staatsverwaltung, deren Veröffentlichung keine privaten Belange berührt und keine Gefahr für die öffentliche Sicherheit darstellt, geheim zu halten. Offenheit und Transparenz können Vertrauen schaffen und überdies kaum gekanntes Potenzial zivilgesellschaftlicher Akteure freisetzen.[40] Nur eine offene und transparente Staatstätigkeit ermöglicht im Übrigen die demokratische Kontrolle der Staatsorgane. Der Öffentlichkeit muss die Möglichkeit zustehen, auf die Verletzung allgemeiner – auch nicht kodifizierter – Regeln des Anstands mit allgemeiner Entrüstung[41] zu reagieren. Sie muss ihre Funktion als Resonanzsubjekt öffentlicher Politikgestaltung auch im Informationszeitalter tatsächlich wahrnehmen können. Ein Recht auf Zugang zu Daten der vollziehenden Gewalt ist daher – jedenfalls rechtspolitisch – anzuerkennen. Eine grundgesetzliche Kodifizierung dieses Rechts wäre hilfreich und auf der Höhe der Zeit.

Von einer klugen Informationspolitik zu unterscheiden ist jedoch gefallsüchtige Effekthascherei, wie sie zuweilen in Sozialen Netzwerken beobachtet werden kann. Offenheit und Transparenz hat die Öffentliche Hand in ihren Verfahren und ihrer Kommunikation nicht auf eine Art und Weise zu üben, die sich an schnelllebigen Trends und aktuellen Stimmungen orientiert. Sie

---

[40] Vgl. etwa *Benjamin Fadavian*, Digitales Gold, in: kommune 21, 12/2015, S. 17.
[41] *Martin Kriele*, Einführung in die Staatslehre, 5. Aufl., Opladen 1994, S. 218.

20

muss daher auch nicht zu jedem aktuellen Hashtag Stellung beziehen. Derweil ist es im Grundsatz – sieht man von datenschutzrechtlichen Problemen bei bestimmten Netzwerken ab[42] – nicht per se verkehrt, wenn staatliche Stellen mit der Bevölkerung über Soziale Netzwerke kommunizieren.[43] In akuten Bedrohungslagen oder Katastrophenfällen konnten – wie der Amoklauf aus München zeigt – polizeiliche und behördliche Informationen, Aufforderungen und Hinweise schnell und effektiv verbreitet werden.[44]

Auf einer weiteren Ebene sind jedoch Grenzen der Transparenz zu beachten, welche Legislative, Exekutive und Judikative gleichermaßen betreffen. Freilich fallen hierunter Belange der individuellen Privatsphäre, in die ohne Einverständnis des Betroffenen nicht einzudringen ist, aber auch bestimmte öffentlich-rechtliche Vorgänge. *Bjung-Chul Han* formuliert treffend: „Totale Transparenz ist nur durch totale Kontrolle möglich und die gibt es nur in einer Diktatur. Es gehört zur Demokratie, dass die Menschen nicht alles wissen können. In der Demokratie (Anm. des Verf.: so wie wir sie heute kennen) gibt es Räume, die man nicht durchleuchten darf. (…) Es gibt eben nicht nur Schwarmintelligenz, sondern auch Schwarmdummheit und Schwarmdiktatur."[45]

Alarmierende Beispielsfälle der von *Han* geäußerten Sorge können sicherlich dann erblickt werden, wenn der rechtsprechenden Gewalt so wenig Respekt gezollt wird, dass in sozialen Netzwerken geradezu Parallelprozesse stattfinden und über Einzelfälle (bei minimalem Faktenwissen) so energisch debattiert wird, dass man mitunter Zweifel darüber bekommen kann, ob allgemein bekannt ist, dass nach Art. 92 GG die rechtsprechende Gewalt Richtern anvertraut ist. Hier muss sich juristische und rechtsstaatliche Expertise einem wie auch immer formulierten Transparenzbegehren aus der Bevölkerung

---

[42] Siehe hierzu *Göttrik Wewer*, Darf der Staat Facebook und Twitter nutzen?, in: ZRP 2016, 23.
[43] Vgl. *Roman Kohler*, Aufwand und Nutzen von Social Media in der Stadtverwaltung St. Gallen, in: Jörn von Lucke (Hrsg.), Staat und Verwaltung auf dem Weg zu einer offenen, smarten und vernetzten Verwaltungskultur, Berlin 2012, S. 89ff.
[44] Siehe den differenzierten Bericht unter http://www.morgenpost.de/politik/article207932353/→ Die-brisante-Rolle-von-Twitter-und-Facebook-beim-Amoklauf.html.
[45] *Bjung-Chul Han* im Interview mit dem Süddeutsche Zeitung Magazin 50/2012, abrufbar unter: http://sz-magazin.sueddeutsche.de/texte/anzeigen/39059/Wir-steuern-auf-eine-Katastrophe-zu.

entgegenstellen. Verfahrensakten sind nicht zu veröffentlichen, Schuldsprü-
che erfolgen nur und einzig allein durch Richter. Dass eine Person als un-
schuldig anzusehen ist, bis nicht der gesetzliche Beweis des Gegenteils er-
bracht ist, sollte dabei nicht nur ein Grundsatz der Rechtsanwendung sein
(Vgl. Art. 11 Abs. 1 AEMR; Art. 14 Abs. 2 IPbpR; Art. 6 Abs. 2 EMRK;
Art. 48 Abs. 1 EU-GRCh). Der Grundsatz sollte bei jedermann, der versucht
ist, vorschnell Parallelurteile im Netz zu finden, als Akt der Selbstdisziplin
individuelle Beachtung finden.

Transparenz und ihr theoretisches Dilemma

In den vorgenannten Ausführungen zeigt sich derweil ein theoretisches Dilemma: Transparenz muss gewissermaßen vor sich selbst haltmachen, um
nicht total zu werden. Anhaltspunkte dafür, dass zumindest teilweise mit
Hinweis auf den Transparenzbegriff Schwellen des Wünsch- und Vertretba-
ren überschritten wurden, sind bereits 2001 gesehen und niedergeschrieben
worden. „An der Schwelle zum 21. Jahrhundert stehen Grundstrukturen des
Politischen vor fundamentalen Herausforderungen. Staatlichkeit wird im
Kontext der Globalisierung fragwürdig: die Steuerungsfähigkeit des Staates
bricht sich an der Realität der Informationsgesellschaft, der überkommene
Staat als ‚Hort des Politischen‘ wird brüchig. Als Ausdruck und Folge dieses
Prozesses emanzipiert sich auch das normative Prinzip der Öffentlichkeit von
seiner Fixierung auf den Bereich des Politischen. Öffentlichkeit wird im
Zeitalter des Internet zunehmend total, nicht als politisches Postulat oder
rechtstheoretisches Prinzip, sondern als scheinbar unentrinnbares Schicksal
der gesellschaftlichen und technischen Entwicklung.“[46] Mitunter werden
Parallelen zu *George Orwells* Dystopie aus „1984“ deutlich, nicht was die
Methode, aber doch das Ergebnis angeht, welches in einer übermäßigen Kon-
trollierbarkeit und Überwachung besteht. „Orwells Überwachungsstaat mit
Teleschirmen und Folterkammern unterscheidet sich grundsätzlich vom digitalen Panoptikum mit Internet, Smartphone und Google Glass, das vom
Schein grenzenloser Freiheit und Kommunikation beherrscht ist. Hier wird

---

[46] *Otto Depenheuer*, Einführung, in: ders. (Hrsg.), Öffentlichkeit und Vertraulichkeit – Theorie
und Praxis der politischen Kommunikation, Wiesbaden 2001, S. 9.

nicht gefoltert, sondern getwittert oder gepostet. Hier gibt es kein geheimnisvolles ‚Ministerium für Wahrheit'. Transparenz und Information ersetzen Wahrheit. Nicht die Kontrolle der Vergangenheit, sondern die psychopolitische Steuerung der Zukunft ist das neue Machtkonzept. Die Machttechnik des neoliberalen Regimes ist nicht prohibitiv, protektiv oder repressiv, sondern prospektiv, permissiv und projektiv. Der Konsum wird nicht unterdrückt, sondern maximiert. Kein Mangel, sondern ein Überfluss, ja ein Übermaß an Positivität wird generiert. Wir sind alle dazu angehalten, zu kommunizieren und zu konsumieren. Das Prinzip der Negativität, das noch den Überwachungsstaat von Orwell bestimmt, weicht dem Prinzip der Positivität. Bedürfnisse werden nicht unterdrückt, sondern angeregt. An die Stelle der durch Folter erpressten Geständnisse tritt freiwillige Entblößung. Smartphone ersetzt Folterkammer. Big Brother macht nun ein *freundliches* Gesicht. Seine *Freundlichkeit* macht die Überwachung so effizient."[47]

Auch wenn mein vorliegender Beitrag alles andere als Endzeitstimmung verbreiten soll und das zuletzt aufgeführte Zitat kritisch und mit der gebotenen Distanz aufzunehmen ist, so wird doch deutlich, dass Transparenz auch ihre gefährlichen Seiten hat, sich selbst also zurücknehmen muss, will sie nicht totalitär werden. Wie jedes Rechtsprinzip unterliegt daher auch die Transparenz einer ihr selbst immanenten, notwendigen Beschränkung zur Vermeidung ihrer Selbstauflösung. Übertriebene Transparenz ist pervertierte Transparenz, zu wenig Transparenz hingegen die Diktatur der Wissenden. Eine unvoreingenommene Einordung der Transparenz als Rechts- und Politikprinzip gelingt daher nur dem, der sich nicht selbst als Mittelpunkt des Horizonts sieht, sondern die Vogelperspektive einnimmt, aus der heraus prinzipiell alle Menschen gleichberechtigte Träger von Wissen und Geheimnissen sind[48] und aus der heraus deutlich wird, dass jede Rechtsausübung auch immer in Rechtsverbrauch umschlagen kann.

---

[47] *Bjung-Chul Han*, Psychopolitik, 3. Aufl., Frankfurt am Main 2014, S. 54f.
[48] Vgl. *Martin Kriele*, Einführung in die Staatslehre, 5. Aufl., Opladen 1994, S. 211.

Schlussfolgerung

Alles ist transparent – nichts ist transparent. So wenig zutreffend wie Pauschalurteile sind, so schwierig lassen sich abstrakte Merkmale zur Bestimmung des Verhältnisses von Transparenz und Vertraulichkeit finden. Begnügen muss man sich wohl mit dem Hinweis, dass es auf die richtige Mischung ankommen dürfte.[49] Rechtlicher Fortschritt ist ein unendlicher Prozess von Diskussion und Dezision, der demokratische Legitimationszirkel ein ständiger Rechtfertigungsprozess.[50] In diesem Sinne sei Ihnen die Auseinandersetzung mit den Praxisbeispielen, welche in den folgenden Ausführungen als Anschauungsfenster eines theoretischen Problems zum Ausdruck kommen, wärmstens empfohlen.

---

[49] *Matthias Jestaedt*, Zwischen Öffentlichkeit und Vertraulichkeit – Der Staat der offenen Gesellschaft: Was darf er verbergen?, in: Otto Depenheuer (Hrsg.), Öffentlichkeit und Vertraulichkeit – Theorie und Praxis der politischen Kommunikation, Wiesbaden 2001, S. 110.
[50] *Martin Kriele*, Einführung in die Staatslehre, 5. Aufl., Opladen 1994, S. 238.

Dieter Rehfeld

Die Blockchain. Hat sie das Potenzial, Gesellschaft und Wirtschaft neu zu gestalten?

Über eine neue Internettechnologie wird aktuell immer aufgeregter diskutiert: Die Blockchain. Nicht wenige sind der Meinung, dass mit der Blockchain die nächste digitale Revolution beginnt. Bestseller-Autor Don Tapscott nennt sein neues Buch euphorisch: „Blockchain Revolution – How the technology behind Bitcoin is changing money, business and the world". Melanie Swan, eine bekannte Protagonistin rund um Blockchain, hat für ihr Ende 2015 veröffentlichtes Buch, in dem die Grundlagen der Blockchain umfassend erklärt werden, den gleichfalls euphorischen Titel „Blockchain – Blueprint for a New Economy" gewählt.

Zur Illustration des revolutionären Ansatzes beschreibt Don Tapscott das Beispiel einer philippinischen Haushaltshilfe, die in Toronto lebt und ihr Erspartes auf die Philippinen zu ihrer Familie schicken möchte. Sie muss dafür viel Aufwand betreiben. Sie bekommt von ihrem Arbeitgeber einen Scheck, löst ihn bei einer Bank ein, nimmt das Bargeld und einen Bus zu einem Einkaufszentrum und geht dort zu einer Filiale von Western Union. Sie überweist ein paar hundert Dollar und zahlt dafür eine Gebühr von ungefähr 10 %. Es dauert mehrere Stunden, um diese Transaktion vorzubereiten. Es dauert dann noch einmal vier bis sieben Tage, bis das Geld – in diesem Fall in Manila – ankommt.

Mit Blockchain hat die Dame eine Alternative. Sie überweist ihr Erspartes per Handy mit einer App namens „APRA". Hinter „APRA" steht ein Blockchain-Programm, welches das Geld innerhalb von Millisekunden auf das Handy ihrer Mutter in Manila überweist. Sie sucht einen Auszahler in der Stadt und bekommt das Bargeld innerhalb von ein paar Minuten bei einem Kostenaufwand von 1%. Für Western Union, so Don Tapscott, sei das keine gute Nachricht, aber für die neuen Startups, die auf diese Technologie setzten, schon. Immer dort, wo es bei Banken darum geht, dass sie lediglich Transaktionen durchführen, sind sie gefährdet, weil sie an dieser Stelle nur das Geld anderer Menschen bewegen ohne einen eigenen Wertbeitrag zu leisten. Die Rolle war und ist historisch begründet, wird aber aufgrund der technischen Entwicklung überflüssig. Banken verdienen mit ihren Transaktionen (noch) sehr viel Geld. Die zukünftige technologische Entwicklung lässt es jedoch zu, diese Transaktionen in einem dezentral gemanagten System durch neue Unternehmen zu ersetzen.

Funktionsweise

Die Blockchain ist zunächst einmal eine Software, die als Basis für die virtuelle Währung Bitcoin dient. Sie ist eine Kette von Datenblöcken, die Transaktionen speichert. Die Datenblöcke werden fortlaufend von allen Knoten, die an einem Rechner-Netzwerk angeschlossen sind, weiterverarbeitet. Dabei wird immer eine Kopie des Datensatzes auf allen beteiligten Rechnern abgelegt. Dies führt dazu, dass die verschlüsselten Transaktionen unlöschbar und fälschungssicher gespeichert sind. Die Blockchain ist damit so etwas wie eine dezentrale, in einem Peer-to-Peer-Netzwerk betriebene aktualisierende Datenbank, wobei die einzelnen Transaktionen nicht überschrieben werden können. Die Historie der Transaktionen wird dokumentiert. Wesentlich ist, dass die Blockchain-Datenbank nicht wie eine konventionelle Datenbank auf einem zentralen Rechner gespeichert wird. Die Blockchain-Datenbank liegt und aktualisiert sich vielmehr ständig auf jedem Rechner und ist damit wesentlicher Teil des gesamten Netzwerkes. Auf der einen Seite ist die Datenbank logisch zentralisiert, auf der anderen Seite jedoch organisatorisch dezentralisiert. Diese technische Lösung bedeutet, dass eine offene, auf einer Open-Source-Software basierende Datenorganisation Funktionen übernehmen kann, die bislang einem zentralen Datenbankbesitzer oder einem Plattformbetreiber, einem sogenannten Intermediär vorbehalten waren. Bis zur Erfindung der Blockchain war stets eine zentrale Instanz erforderlich, die gegenüber den Nutzern die Echtheit von sensiblen Daten garantierte und so Vertrauen schuf.

Veränderungspotenzial

Beim Online-Banking ist es die Online-Bank, die dafür sorgt, dass nur dann Überweisungen getätigt werden, wenn die notwendige Deckung vorhanden ist. Der Überweisungsauftrag wird im System eingegeben und die Hausbank überwacht die Kontoführung und alle Teilnehmer im Bankensystem verlassen sich darauf, dass die Banken bei diesen Überweisungsgeschäften nicht betrügen oder sich von jeder Überweisung heimlich Geld auf ihre eigenen Konten überweisen.

Auf der anderen Seite geht es nicht darum, dass sich die Banken durch eine Blockchain-Technologie quasi auflösen. Sie selber könnten ihre Betriebskosten vielmehr deutlich senken und neue Dienstleistungen aufbauen, die in der Verbindung mit Startups ihre Reichweite erhöhen.

Das aktuelle Datennetz der Banken ist ein kompliziertes Netz. Das System kostet viel Zeit und Geld. Dies sehen offensichtlich auch die Banken so, denn ein mächtiges Konsortium aus Banken investiert aktuell darin, die Idee der Blockchain-Technologie zu adaptieren und ein eigenes Distributed-Ledger-Technologie-Konzept aufzubauen. Die Banken haben sich aufgemacht, die gesamte Infrastruktur der Finanzwelt neu zu definieren und diese zu modernisieren. Am Ende könnten alle Transaktionen der Banken in einer gemeinsamen, dezentralen Datenbank erfasst werden.

Gleichwohl bleibt für die Banken ein Bedrohungspotenzial über. Begründet liegt die darin, dass die Eintrittsbarrieren für neue Konkurrenten deutlich gesenkt werden. Im Wesentlichen war und ist die Kernkompetenz der Banken Vertrauen. Und aus dieser Vertrauensstellung ist eine mächtige Industrie geworden. Dieses Alleinstellungsmerkmal des Vertrauens kann und wird durch die neue Technologie in Frage gestellt werden.

Die Blockchain automatisiert nun dieses Vertrauen. An die Stelle einer „Zentralgewalt" tritt eine technische, nicht manipulierbare Lösung. Es ist kein Intermediär mehr nötig, der garantiert, dass die durchgeführte Transformation und die durchgeführte Informationsverarbeitung wahr ist. Ein weiterer Vorteil der Blockchain ist, dass prinzipiell jedes Mitglied des Netzwerkes jede Transaktion einsehen kann. Die Blockchain ist mithin das aus dem Rechnungswesen bekannte Hauptbuch und kann als ein weltumspannendes Buchhaltungssystem verstanden werden. Es ist ein zentrales Verzeichnis, in dem alle Transaktionen gespeichert und nachgehalten werden und diese Transaktionen können nicht im Nachhinein verfälscht werden. Die Blockchain ist ein verteiltes, dezentrales Konto, eine neue innovative Art, um Daten zu speichern und zu verschlüsseln. Das Revolutionäre der Blockchain ist, dass sie das Potenzial hat, über diese nichtbestechliche dezentrale Kontoführung eine neue Basis für die Beziehungen zwischen den Individuen und der Gesellschaft zu schaffen.

Gesellschaftliche Wirkungen und Möglichkeiten

Das Faszinierende an der Blockchain-Technologie und ihrer prinzipiellen dezentralen Konzeption ist nämlich, dass über sie „die Mächtigen" im Internet angegriffen werden können. So gibt es erste Startups, die versuchen, auf der neuen technologischen Basis eine Alternative zu Facebook & Co zu entwickeln. Das heutige mächtigste soziale Netzwerk läuft auf zentralen Rechnern, die ausnahmslos von Facebook beherrscht werden.

Ein zukünftiges neues soziales Netzwerk könnte auf dezentralen Rechnern in einer Peer-to-Peer Infrastruktur betrieben werden und sich als „Digitale Netzwerk-Genossenschaft" aus den Fesseln des Monopols lösen. Prinzipiell gibt es hier aufgrund der technologischen Entwicklung die Möglichkeit, die Privatsphäre über die eigenen Daten zurückzuerobern, denn Datenhoheit und Datensouveränität sind letztlich die Grundlage einer freien Gesellschaft.

Es ist ebenfalls denkbar, dass die Nutzer und Teilnehmer im Internet eine Art „Blockchain-Konto" besitzen, auf dem ihre Daten gespeichert sind. Hierüber könnten sie Transparenz darüber erhalten, wer mit den jeweiligen Daten wie arbeitet. Es besteht damit die Chance, wieder die Kontrolle über die Datenidentität zurückzuerlangen. Bei jeder Transaktion werden von dem „Blockchain-Konto" zukünftig nur die Details preisgegeben, die für die jeweilige Transaktion tatsächlich erforderlich sind.

Die Daten- und Marketingkonzepte von Facebook, Amazon und Co bestehen im Gegensatz dazu gerade darin, dass sie bei jeder Transaktion immer mehr Daten von den Individuen einsammeln und mehr Daten generieren als notwendig sind. Dieser Datenschatz ist die Basis des Geschäftskonzeptes der Internetmonopole und dient der kontinuierlichen Generierung des Profits.

Die Blockchain-Euphorie sehen mittlerweile auch die großen Plattformen als Herausforderung an. Heute übernehmen diese Plattformen für ihre Kunden Serviceleistungen. Sie organisieren den bequemen Zugang zu Informationen, Konten, Waren oder Dienstleistungen. Über diese Serviceleistungen schaffen sie es, sehr viel Wissen über ihre Kunden anzuhäufen und ihren eigenen Unternehmenswert über den Datenwert ihrer Kunden zu steigern.

Als ein weiteres Anwendungsfeld für die Blockchain-Technologie wird oft das „Internet der Dinge" genannt. Im „Internet der Dinge" werden zukünftig Milliarden von Geräten, Sensoren und Apps miteinander kommunizieren und sich selbständig organisieren – so jedenfalls die Vision. Don Tapscott führt aus, das „Internet of everything" braucht ein „Internet eines Hauptbuches" – ein „Ledger of everything". In diesem Konto des „Internets der Dinge" werden alle geschäftlich notwendigen Transaktionen notiert. Dieses Internet der Dinge kann nur in einer neuen Peer-to-Peer-Technologie-Strategie realisiert werden.

Ein weiterer Anwendungsfall für die Blockchain-Technologie sind die so genannten „Smart Contracts" – intelligente Verträge. Das Konzept sieht vor, dass es einen Softwaremechanismus gibt, der die vereinbarten Konditionen garantiert und automatisch abrechnet, ohne dass eine weitere Mitwirkung von Anwälten oder Banken nötig wäre. Dies wäre beispielsweise im Medienbereich interessant. Eine ganze Reihe von Protagonisten der neuen Technologie erwartet, dass über die Distributed-Ledger-Technology ein Ende des kostenlosen und des freien Internets der Medien eingeleitet werden kann. Bisher ist es sehr schwierig, produzierten Content auf einfache Art und Weise zu schützen und nach zu definierenden Spielregeln bezahlt freizugeben. Zukünftig kann ein Künstler seine Lieder an mögliche Partner zu unterschiedlichen Tarifen vertreiben. So könnte das Streaming eines Songs für eine Privatperson vielleicht zwei Cent kosten, ein Streaming für ein Radio oder eine Übertragung vielleicht fünf Cent und wer diese Musik für einen Werbespot für das Fernsehen oder für andere kommerzielle Zwecke nutzen möchte, zahlt womöglich wieder einen anderen Preis. Ein Künstler kann in einem Smart Contract genaue Regeln in Bezug auf Nutzungsrechte und Kosten hinterlegen. Die Revolution, die sich hier abzeichnet, basiert auf einem Wechsel des Internets der Informationen zu einem Internet des Wertes. Die Basis für das Internet des Wertes ist das Vertrauensprotokoll der Blockchain. Eine automatisierte und für alle einsichtige Notarfunktion über alle Transaktionen im Netz entsteht, ohne dass Notare notwendig wären.

Dieser Aufbau des Vertrauens in einem Peer-to-Peer-Netz hat viel Potenzial. Die sich abzeichnende Entwicklung wieder hin zu einem mehr dezentraleren Ansatz im Internet führt zurück zu den Wurzeln des Internets. Ursprünglich war das Internet konzipiert als ein Netz, das die Möglichkeit bietet, Information und Wissen zwischen gleichberechtigten Knoten auszutauschen. Diese auf Teilhabe aufgebaute Gründungsidee, wurde durch die tatsächliche Entwicklung im Netz konterkariert. Heute haben wir die Situation, dass die ökonomischen Strukturen im Netz mehr und mehr von großen Monopolisten beherrscht werden. Plattformen und Netzwerkeffekte haben in der Internetwelt dazu geführt, dass sich Macht und Geld monopolisiert. Die alten Medien bedeuteten zentrale Kontrolle. Die neuen Internetmedien sollten das Gegenteil leisten. Die heutige moderne Gesellschaft stellt aktuell alles andere als ein Zusammenschluss von Individuen dar. Sie kann vielmehr als das Ergebnis einer Entwicklung bezeichnet werden, in der von starken monopolistischen Kräften, die die Informationsverarbeitung global beherrschen, die wesentlichen Entscheidungen vorgegeben und nach ihren Vorstellungen gestaltet werden. Die Kunden, Bürger, Nutzer und auch die vielen kleinen und mittelständischen Unternehmen sind in der Regel ungewollte Datenlieferanten und gezwungene Mitproduzenten. Einige Protagonisten in der Blockchain-Community sehen nun die Chance, hier eine neue Bewegung zu initiieren.

Bestandsaufnahme

Die spannende Frage ist nun: Was tut sich bereits heute an konkreten Lösungen und Produkten rund um diese „revolutionäre" Blockchain-Technologie? Nachfolgend werden einige aktuelle Projekte, vor allem von Startup- Unternehmen skizziert.

Max Kordek, 24 Jahre jung, ehemaliger Student der Elektrotechnik der RWTH Aachen, hat mit seinem Partner Oliver Beddows, 30 Jahre jung, aus Walsall (UK), für sein Blockchain-Start-up Lisk[1] das Startkapital in Bitcoins eingesammelt. Das junge Unternehmen will eine Plattform aufbauen, auf der sogenannte „Dapps" (Distributed Applications) entwickelt werden können. Dapps sind Applikationen, die dezentral und autonom funktionieren und sich in einem Peer-to-Peer Netzwerk managen. Dabei sorgen „Smart Contracts", in denen die Prozessbedingungen definiert und programmiert sind, für regelgesteuerte, automatisch ablaufende Prozesse. Ein möglicher Anwendungsfall, auf den Lisk verweist, könnte das Einsammeln von Sensordaten aufgrund bestimmter vorliegender Bedingungen sein, zum Beispiel vorab definierter Umweltbedingungen, bezahlter Rechnungen oder Mitgliedschaften. Die Daten werden in dem Lisk-Konzept in einer eigenen „Blockchain-Technologie" verarbeitet und gespeichert. Die Daten liegen dabei nicht zentral auf einem Server, sondern nutzen viele Knoten in einer Peer-to-Peer Netzwerk-Struktur. Die so massenhaft erfassten Sensorwerte könnten im Internet der Dinge auf einem Marktplatz verkauft werden. Springender Punkt des Konzeptes ist, dass die erfassten und erzeugten Werte nicht verändert werden können. Niemand kann die Daten, die einmal abgespeichert sind, verändern oder manipulieren. Vielleicht kann Lisk so dabei helfen, dass die deutsche Automobilin-

---

[1] https://lisk.io

dustrie zukünftig die in den Fahrzeugen produzierten Motoren – und Abgaswerte – manipulationsfrei erfasst, speichert und transparent zugänglich macht und so Vertrauen zurückgewinnt. Die Bitcoin- und Blockchain-Community glaubt jedenfalls an das Konzept von Lisk. Rund 3.900 Anleger haben List-Tokens gekauft und in Bitcoins gezahlt. Die Gründer suchen gerade nach geeigneten Entwicklern und sind überzeugt, dass sie mit den eingesammelten 5.000.000 EUR schon relativ weit kommen.

Das Beispiel aus dem Frühjahr 2016 zeigt, dass nicht wenige erhebliches ökonomisches Potenzial in den Blockchain-Konzepten sehen. Hier wird bewusst der Plural genutzt, da es mittlerweile eine Reihe von Blockchain-Lösungen in unterschiedlichen Ausprägungen gibt. Die Anzahl der Suchanfragen im Internet zum Thema Blockchain ist jedenfalls in den letzten Monaten sprunghaft angestiegen, wie die Google-Trend-Analyse zeigt.[2] 43 namhafte Banken haben sich zum Blockchain R3-Konsortium zusammengeschlossen, um gemeinsam durch Weiterentwicklung der jungen Blockchain-Technologie den Herausforderungen der FinTech-Branche zu begegnen. Aktuell hat das R3-Konsortium dazu eine Partnerschaft mit Microsoft geschlossen, um einen Zugriff auf die Microsoft-Blockchain-Variante unter Azure zu bekommen.[3] Die Open-Source LINUX-Foundation hat im Januar 2016 das „Hyper Ledger Project" gestartet, in dem sich neben dem R3-Konsortium der Banken IBM, INTEL, FUJITSU, Deutsche Börse, CISCO und viele andere als Mitglieder wiederfinden.[4] Ziel des Hyper Ledger Projektes ist es, einen offenen Standard für die Basis der Blockchain-Technologien der Distributed Ledger Technology zu entwickeln. Auch das Interesse der Investoren an Start-ups, die sich mit Lösungen im Bereich der Blockchain-Technologien und Bitcoins beschäftigen, stieg in den letzten 24 Monaten enorm. In 2015 flossen insgesamt 474,4 Mio. US-Dollar Venture Capital in diese Unternehmen. Das waren rund 60% mehr als noch 2014.[5] Laut PricewaterhouseCoopers gibt es rund 300 Technologie-Start-ups, die meisten

---

[2] https://www.google.de/trends/explore#q=Blockchain
[3] http://r3cev.com
[4] https://www.hyperledger.org
[5] https://assets.kpmg.com/content/dam/kpmg/pdf/2016/03/the-pulse-of-fintech.pdf

davon in den USA und Großbritannien, die an Ideen arbeiten, wie man die Blockchain-Technologie einsetzen kann. Und Deloitte kommt in einem aktuellen Report zu dem Ergebnis, dass ein Hotspot für Blockchain-Innovationen in Israel liegt.[6]

Auch bedeutende staatliche Institute – jedenfalls außerhalb Deutschlands – interessieren sich für das Thema Blockchain und für die darauf basierenden möglicherweise revolutionären Anwendungen im staatlichen Sektor. Der UK-Government Chief Scientific Advisor hat Anfang 2016 einen Report zum Thema „Distributed ledger technology: beyond Block Chain" veröffentlicht.[7] In diesem Report werden verschiedene Szenarien beschrieben, wie die Blockchain bzw. die ihr zugrunde liegende Distributed-Ledger-Technologie im Government- und Public Sector genutzt werden könnte. Auch Melanie Swan beschreibt in ihrem o.g. Buch eine erste Liste von 84 Blockchain-Ideen, die sich im Kontext der öffentlichen Verwaltung bewegen. Die Liste der möglichen Anwendungen in den beiden Veröffentlichungen ist außerordentlich vielversprechend: Sie reichen von Wertpapieren, Grundbesitz, Wahlstimmen[8] und Zugangsberechtigungen über Identitätsmechanismen bis zum Schutz von Urheberrechten. Im veröffentlichten Hype scheint es keine Grenzen zu geben. In Deutschland hat sich die Bundesanstalt für Finanzdienstleistungsaufsicht (BaFin) ausführlich mit der Distributed-Ledger-Technologie befasst und eine ausführliche Darstellung veröffentlicht.[9]

Das Government-Office for Science hat mit dem Report „Distributed Ledger Technology beyond Blockchain" das Thema Blockchain auf ein mögliches Potenzial an Mehrwert für staatliche Stellen hin untersucht. Laut diesem Report ist ein Vorteil der Distributed-Ledger-Technologie (DLT), dass sie dezentral in einer Peer-to-Peer-Netzstruktur Daten hält und Datenverluste unmöglich macht. Attacken auf das System werden deutlich schwieriger.

---

[6] http://www2.deloitte.com/uk/en/pages/innovation/articles/blockchain.html
[7] https://www.gov.uk/government/uploads/system/uploads/attachment_data/file/492972/gs-16-1-distributed-ledger-technology.pdf
[8] http://bitvote.net; https://placeavote.com/#!/; https://followmyvote.com/online-voting-technology/blockchain-technology/
[9] https://www.bafin.de/SharedDocs/Veroeffentlichungen/DE/Fachartikel/2016/fa_bj_1602→_blockchain.html

Auch soll ein geringerer staatlicher Verwaltungsaufwand notwendig sein, um staatliche Prozesse zu realisieren. So sehen die Autoren DLT als geeignet an, um automatische Steuerzahlungen, das Verteilen von Geld, Dokumentensicherungen oder lückenlose Nachweisketten zu garantieren.

In dem Report wird auch herausgearbeitet, dass für die meisten staatlichen Anwendungen ein sogenanntes „Permissioned Ledger" notwendig und möglich ist.[10] Diese Permissioned DLT-Systeme nutzen einen Beteiligungsnachweis, bei dem der Transaktionsteilnehmer nachweisen muss, dass er über eine spezielle Berechtigung zur Teilnahme am System verfügt. Transaktionsteilnehmer können hier berechtigte staatliche oder öffentliche Stellen sein. Der Berechtigte erhält seine Teilnahmeberechtigung von einer zentralen Legitimationsstelle, die den Zugang zum System kontrolliert. Somit erhalten zu zugangsbeschränkten Systemen nur Personen oder Institutionen Zugang, denen die Partner vertrauen können. Einmal zugelassen, ermöglicht die DLT durch ihre systemimmanente Bestätigung von Transaktionen nicht nur einen einmaligen direkten Handel zwischen zwei Parteien im Internet, ohne dass es einer zentralen dritten Vertrauensperson oder eines Mittelsmanns bedarf, es können sogar alle Parteien, die zugelassen sind, untereinander agieren.

Über die DLT kann auch die Transaktionshistorie einer bestimmten Sache aufgezeichnet werden, so dass sie als dezentrales Register (bzw. als dezentrales Konto) fungieren kann. Hier liegt der Schlüssel, damit die Softwarearchitektur der verteilten Konten als Lösung für das Managen von Werten und Rechten angesehen wird. Mithin wären staatliche oder öffentliche Stellen weiterhin in der Lage, eine umfassende Kontrolle auszuüben. Vor allem wäre es in einem Konzept der öffentlichen oder staatlichen Blockchain möglich, einerseits die DLT zu nutzen und andererseits die Zugänge und Berechtigungen zu kontrollieren. Steuerung und Führung (Good Governance) durch öffentliche Stellen können konzeptionell berücksichtigt und gleichzeitig die Vorteile der Technologie genutzt werden: weniger zentrale Instanzen und weniger

---

[10] http://www.ofnumbers.com/wp-content/uploads/2015/04/Permissioned-distributed-ledgers.pdf

Verwaltungsaufwand, höhere Sicherheit, ein robusteres Gesamtsystem und letztlich: Mehr Transparenz.

Durch die DLT kann jeder Prozess, in dem Rechte und Besitzverhältnisse dokumentiert und übertragen werden, effizient und sicher digital gemanagt werden kann. Die DLT ist eine neue digitale Architektur – ein neues digitales Protokoll – für verbindliche digitale Informationen, die verbindliche digitale Übertragung von Rechten und Besitzverhältnissen (Assets), ohne dass es einer zentralen Instanz oder eines Intermediärs bedarf.

Rückschlüsse für den Public Sector

Wenn man sich nun die kommunalen Kernanwendungen wie Einwohnerverfahren, Standesamtsregister, Kfz-Verzeichnisse, Führerscheinverfahren und Gewerbeanmeldungen etc. anschaut, so sieht man, dass all diese „kommunalen Wesen" nichts anderes sind als referenzierte (eineindeutige) Konten. Diese Konten speichern Stammdaten zu Personen oder Institutionen und dokumentieren die im Zeitablauf auftretenden Veränderungen. Die Konten sind eindeutig mit Personen und/oder Institutionen verbunden. In der Regel dienen diese Konten dazu, den Konteninhabern Rechte zuzuweisen: Das Recht, einen Personalausweis zu führen. Das Recht, ein Auto zu fahren. Das Recht, ein Auto oder ein Grundstück zu besitzen. Das Recht, eine Werbeanlage aufzustellen. Das Recht, verheiratet zu sein.

In dieser abstrakten, konzeptionellen Sicht ist es Aufgabe der meisten kommunalen Anwendungen, Rechte auf Rechteinhaber eineindeutig, verlässlich, sicher – vor allem fälschungssicher – zu übertragen und diese Rechte im Zeitablauf zu steuern. Die Konten speichern also Bewegungsdaten, die Auskünfte über bestimmte Zustände zu einem bestimmten Zeitpunkt und über die durchgeführten Interaktionen und Beteiligten geben.

Die Idee, wie in diesem kommunalen Kontext nun die DLT zur Anwendung kommen kann, ist im Kern folgende: Um eine Transaktion digital durchzuführen, benötigt jeder Nutzer eine eindeutige Adresse. Im Bankengeschäft ist dies die traditionelle Kontonummer. Zukünftig könnte es im kommunalen oder noch umfassender: im staatlichen Umfeld das bundesweite Servicekonto geben, wenn über eine eineindeutige Adresse als Basis nachgedacht wird. Ein „verteiltes Kontobuch" ist aber zunächst ein öffentliches geführtes Kontobuch der Adressen oder der Servicekonto-Nummern. Grundsätzlich ist jeder Teilnehmer über seine öffentliche Adresse seines Service-Kontos erreichbar. Ein einmal angelegtes und authentifiziertes Konto ist einem Inhaber eindeutig zugeordnet und steht in der Blockchain für Transaktionen bereit, ähnlich des Wallet-Konzeptes bei den digitalen Währungen. Dieses ist die technologische Grundlage und dient dazu, im digitalen Geschäftsverkehr Transaktionen von Nutzer zu Nutzer aufzuzeichnen, ohne dass es einer zentralen Stelle bedarf, die jede einzelne Transaktion legitimieren müsste.

Ein nationales Bürgerservicekonto oder ein nationales Unternehmerservicekonto auf Basis der DLT bereitzustellen wäre ein fast schon revolutionärer Ansatz. In den Bundesländern wird aktuell an Konzepten zum Servicekonto gearbeitet, und es werden klassische Lösungen mit zentralen Datenbanken und zentralen Anwendungen verfolgt. Möglicherweise bietet es sich an, in einer „Servicekonto 4.0-Struktur" zu prüfen, ob ein nationales Servicekonto auf Basis der DLT einsetzbar ist. Dieses Servicekonto könnte dann auf die jeweiligen Rechte des Kontoinhabers referenzieren. Diese Referenzierung kann mit Hilfe der in der DLT-Architektur vorgesehenen digitalen Schlüsselarchitektur (öffentliche und private Schlüssel) vertraulich und unter Kontrolle des Kontoinhabers erfolgen. So ist denkbar, dass die berechtigte öffentliche Stelle dem Kontoinhaber auf sein Servicekonto sein Recht, etwa ein Fahrzeug zu führen durch die Führerscheinstelle digital zuweist und seinen Besitz eines Pkws durch das Straßenverkehrsamt digital dokumentiert, aber beide Stellen nicht die Steuererklärung des Kontoinhabers sehen. Beide Stellen dürften aber ob ihrer schon heute vorhandenen Berechtigung die Stammdaten aus den registrierten Einwohnerdaten sehen. Das hier noch einige, nicht zu unterschätzende Diskussionen zum Datenschutz auf der einen Seite und zur sinnvollen und notwendigen Transparenz auf der anderen Seite zu führen sind, liegt auf der Hand.

Auch der sichere eineindeutige Nachweis am Beispiel von Abläufen und Wegen im Gefahrgütertransport (Kette) könnte eine sinnvolle Anwendung auf Basis einer Blockchain sein. Hier sind viele Stellen im privaten und öffentlichen Sektor beteiligt, um den Nachweis und die Kontrolle des sicheren Transportes zu gewährleisten. Diese Art von Nachweisketten sind in vielen Fällen interessant. So gibt es auch in der Abfallwirtschaft zahlreiche Fälle einer gesetzlich vorgeschriebenen Nachweispflicht, die oft eine unternehmens- und organisationsübergreifende Dokumentation verlangen. Dies gilt vor allem für die grenzüberschreitende Abfallentsorgung. Oder man denke nur an die anstehenden Nachweispflichten über die Rücknahme und Verwertung von Wertstoffen.[11] Der Blockchain-Ansatz ist sicher vor allem immer dann interessant, wenn der Prozess in einer organisationsübergreifenden, mehrpoligen Kette (Chain) organisiert ist, also auch organisatorisch in einer Peer-to-Peer-Netzstruktur gestaltet ist. Dies trifft zum Beispiel auch im Management der Betreuung von Migranten und Asylbewerbern zu oder beim Thema des lebenslangen Lernens im Nachweis von erworbenen, formalen und nichtformalen Qualifikation in der Aus-, Fort- und Weiterbildung.

Auch für kommunale Unternehmen wird die Anwendung der DLT-Lösungen zunehmend diskutiert. So wies Kirsten Hasberg von der IT University of Copenhagen aktuell in einem Vortrag darauf hin, dass Blockchain-Technologien über ein disruptives Potenzial im Strommarkt verfügten: „Plattformen wie Airbnb, Uber und BlaBlaCar haben viele Märkte eröffnet, die früher nur für größere Anbieter zugänglich waren. Es besteht mittlerweile eine Erwartungshaltung, dass von der Wohnung über das Auto alles geteilt werden kann. Daher fragen sich viele: Warum kann ich meinen Strom nicht an meinen Nachbarn verkaufen?" Hasberg zufolge sei Deutschland zwar Pionier der dezentralen Energiewende, aber die Vertriebsstrukturen seien von dieser Dezentralisierung weitgehend unberührt geblieben. „Vielleicht sollten wir nicht nur über eine Neuerung des EEGs diskutieren, sondern einen radikaleren Ansatz wählen und uns die Frage stellen: Könnte Blockchain-

---

[11] http://www.umweltbundesamt.de/themen/abfall-ressourcen/abfallwirtschaft/abfallarten/gefa→ ehrliche-abfaelle

Technologie die Vermittlerrolle zwischen Produzent und Konsument im Strommarkt übernehmen?", so Hasberg.[12]

Das Start-up LO3 setzt auf der Basis der Ethereum-Blockchain[13] genau diese Idee im Auftrage des Staates New York in einem Pilotprojekt um. Auf Basis eines Microgrids soll der direkte Energiehandel mit den Nachbarn (Connect local Neighborhoods Grid) organisiert werden. Photovoltaik, Windenergie, Batterien und andere Speicher, Elektrofahrzeuge, Dieselgeneratoren etc. werden im Microgrid mit den Verbrauchern via Blockchain und Smart Contracts abrechnungstechnisch und kaufmännisch in der Shared Economy verbunden. Selbstverständlich ist zur energietechnischen Realisierung des Energieaustausches die Zusammenarbeit mit den „Powerful Utilities Companies" notwendig. Genau diese Verbindung zwischen den traditionellen Energieversorgern und den Start-ups der Energiebranche wird in New York gefördert.[14]

In Deutschland wollen RWE und das Start-up slock.it[15] ebenfalls die Ethereum-Blockchain und Smart Contracts für das Laden von Elektroautos und für den Bezahlprozess nutzen. Die Idee: Statt Fahrer interagiert das Auto mit der Ladestation und bezahlt mit einer digitalen Währung (in dem Fall Ether, die Währung der Ethereum-Blockchain). Auch wenn sich slock.it aktuell noch im Pilotprojekt befindet, so wird zunächst einmal eine Ladesäule von RWE blockchainfähig gemacht, und so sind weitere Projektideen für die nächste Runde der Energiewende interessant. So will stock.it einen Ethereum Computer bauen, mit dem man Smart Devices, wie etwa Türschlösser oder Steckdosen, kontrollieren und steuern kann.[16] Da die dezentrale Energiewirtschaft förmlich wie ein Spiegelbild zur vollkommen dezentralen Struktur der Blockchain passt, wächst auch die Zahl der potenziellen Anwendungen und Anwendungstestfelder für Blockchain in der Energie. Dies sollte Mitte Mai

---

[12]   http://www.poyry.de/news/start-ups-der-energiewirtschaft-viele-ideen-nicht-neu-blockchain-technologie-mit-potenzial
[13] https://www.ethereum.org
[14] http://lo3energy.com
[15] https://slock.it
[16] https://bitcoinblog.de/2016/02/26/rwe-und-slock-it-wollen-ethereum-fuer-elektroautos-nutzen/

2016 auch auf der ersten Blockchain-Konferenz für den Energiemarkt in Deutschland gezeigt werden.[17]

Weitere Ansätze

Wenn im Smart Mobility Sektor über Blockchain-Ansätze diskutiert wird, landet man aktuell beim israelischen Start-up LaZooz.[18] LaZooz will das Mitfahren neu erfinden und Uber angreifen. Dabei wird die Ridesharing-Plattform auf einer Blockchain gebaut. Wenn man Mitfahrer über eine bestimmte Streckenlänge mitnimmt, sammelt man Zooz ein, so der Name der hier verwendeten digitalen Währung. Die gesammelten Einheiten kann der Nutzer dann, wenn er selbst eine Mitfahrgelegenheit sucht, wieder einlösen. Im Idealfall hat man auf diese Weise eine Ridesharing-App, die keinerlei Geldströme benötigt. Wie bei einem Taxi oder bei Uber kann man über die App nach Fahrgelegenheiten suchen. Das Start-up, bislang ohne Finanzierung, versteht sich als Community-Projekt. Weil das Unternehmen aktuell nicht kommerziell arbeitet und die Fahrer kein Geld im klassischen Sinne verdienen, umgeht LaZooz die meisten regulatorischen Probleme, mit denen sich zum Beispiel Uber herumschlägt. Allerdings muss das Unternehmen neben Sicherheits- und Haftungsfragen auch das Problem lösen, wie hier Geld verdient wird. Ob dieses Geschäftskonzept tragfähig ist, mag zunächst dahingestellt sein. LaZooz zeigt aber, dass man die Technologie der Blockchain grundsätzlich für zukünftige Mobilitätskonzepte mitdenken und vielleicht einsetzen kann. LaZooz könnte auch im Rahmen einer kleinen Community oder Gemeinde eingesetzt werden. Orte, die kaum oder nur sehr schlecht an den ÖPNV angeschlossen sind, können ihre eigenen, lokalen Ridesharing-Angebote aufbauen. LaZooz liefert hierfür die nötige Technologie und könnte in Verbindung mit klassischen Mobilitätsanbietern (Verkehrsunternehmen, Car-Sharing oder Mietwagenanbietern) für deren Kunden genutzt werden oder auch neue Mobiltätskonzepte für Mitarbeiter (Smart Mobility Sharing-Lösungen) auf eine interessante Art und Weise erweitern.

---

[17] http://solarpraxis.de/fileadmin/user_upload/Konferenzen/Dateien_Konferenzen_allgemein/→ Blockchain_Programm_160513.pdf

[18] http://www.lazooz.net

Das German Tech Entrepreneurship Center (GTEC) hat im Mai 2016 den Blockchain Innovation Award durchgeführt und 50.000,- € ausgelobt.[19] Der Gewinner Arcade City[20] will das dezentrale Uber sein. Fahrer und Mitfahrer können über eine App direkt miteinander in Kontakt treten und die Konditionen für die Fahrt ausmachen. Fahrer können ihre Raten vorher deutlich machen und auch andere Dienste als den einfachen Chauffeursdienst – beispielsweise Lieferungen – anbieten. Mitfahrer können sich Profile von möglichen Fahrern ansehen und den wählen, der auf sie den besten Eindruck macht. Das Ganze ist auf der Ethereum-Blockchain realisiert.

CargoChain, die den zweiten Platz erreichten, planen, die Blockchain und das Internet of Things zur Digitalisierung aller Aspekte des internationalen Handels zu nutzen. Dadurch wird der Handel (und das Speichern der entsprechenden Dokumente) abgesichert und automatisiert. Für den Internationalen Handel wäre das sehr hilfreich, denn es entstehen im Handel jährlich Millionen Euro Verluste, weil Papiere verloren gegangen sind oder gefälscht wurden.

Den dritten Platz erreichte clipperz.[21] Clipperz hat eine dezentrale, permanente Dokumentenablage als Ziel, mit der geistiges Eigentum ohne einen Mittelsmann (und einen entsprechenden Verwaltungsapparat) garantiert werden soll. Statt über Patente will clipperz Dokumente über Blockchain registrieren. Mit einem Zertifikat soll der Besitz, die Existenz und die Integrität dieser Dokumente geregelt sein.

Den Publikumspreis gewann Helperbit[22] mit der Idee, Spenden und Versicherungen dezentral einfacher zu managen. Das Startup möchte hierfür die Transparenz und Effizienz der Blockchain nutzen. Man möchte damit dafür sorgen, dass beispielsweise Opfer von Naturkatastrophen oder anderen schlimmen Vorfällen schnell über ein dezentrales Netzwerk Hilfe bekommen können. Aber nicht nur eine peer to peer Hilfe hat man angedacht; auch

---

[19] http://gtec.berlin/blockchaincontest/
[20] http://arcade.city
[21] https://clipperz.is
[22] http://www.helperbit.com

wohltätige Organisationen sollen mit Helperbit deutlich schneller als bisher ihre Einnahmen managen und den Zuwendungsempfängern zukommen lassen.

Allerdings wird bei näherer Betrachtung der Projekte aus dem Wettbewerb deutlich, dass auch die Gewinner sich noch in der Regel in der Konzeptions- und allenfalls in der Beta-Phase befinden.

Zusammenfassung

Die hier aufgeführten exemplarischen und bei Weitem nicht vollständigen Beispiele zeigen: Die Blockchain bzw. die Distributed Ledger Technology (DLT) könnte ein Instrument sein, um den „eindeutigen" Nachweis zu liefern, wie Zahlungen, Rechte und Dokumente zwischen Kunden, Bürgern, Unternehmen und der öffentlichen Verwaltung in einer zunehmend vernetzten Gesellschaft ausgetauscht werden. Die DLT-Struktur könnte auch die Möglichkeit bieten, dass der Kunde, Bürger oder Partner jeweils auch verwaltungs- und organisationsübergreifend nachvollziehen kann, wie der Stand der Bearbeitung seiner Anliegen und Vorgänge ist. Auch hier ist der Nutzen wahrscheinlich dann sehr hoch, wenn es sich um organisationsübergreifende Geschäftsvorgänge, wie beispielsweise Genehmigungsprozesse handelt. Dabei müssen nicht alle Dokumente in der DLT-Blockchain verwaltet werden, sondern könnten z. B. über eine Hashwert-Funktion eineindeutig dem jeweiligen berechtigten Nutzer zum richtigen Zeitpunkt zugewiesen werden. Bei jedem Rechte- und Dokumentenübergang von privat zu privat, von privat zu öffentlich, von öffentlich zu privat und von öffentlich zu öffentlich wird über diesen Übergabevorgang ein Smart Contract, also ein regelbasierter Übergang, geschlossen; die Kette dieser Smart Contracts ist der Nachweis über Rechte und vor allem der Nachweis über Rechteübergänge. Durch die zeitliche Dokumentation (Zeitstempel) dieser Rechteübergänge könnte eine schnellere Bearbeitung erfolgen. Die Blockchain bzw. die DLT-Architektur würde es erlauben, quasi als „Zeit-Layer" den Bearbeitungsnachweis über die Government-Prozesse zu legen. Dieser Layer könnte die Position und die

Rechtssicherheit der Bürger und Unternehmer gegenüber einer Verwaltung deutlich verstärken.

Sicher ist dies alles noch ein weiter Weg. Wenn dieser Weg aber gelänge, könnten mehrere Potenziale vor allem für die öffentliche IT gehoben werden. Dies wären beispielsweise eine deutliche Erhöhung der Ausfallsicherheit und ein besserer Schutz gegenüber den Folgen von Cyberangriffen. Dies wäre ein wesentlicher Beitrag zur Absicherung der kritischen Infrastruktur gegenüber Angriffen jedweder Art von außen. Mithin wäre eine solch neue „öffentliche IT-Infrastruktur 4.0" ein großer Schritt in Richtung einer sicheren öffentlichen Daseinsvorsorge. Die Rechtssicherheit und der Nachweis von Verantwortungsketten würde ausgebaut. Die Transparenz des Verwaltungshandels würde erhöht. Dezentrale Zusammenarbeit in Nachbarschaften könnte gestärkt werden. Die Sharing-Economy würde weiterentwickelt. Die Zusammenarbeit von Start-ups und traditioneller Verwaltung und kommunalen Unternehmen könnte ausgebaut und zu einer Beschleunigung von Innovationen führen.

Es ist zum heutigen Zeitpunkt sicher offen, ob dieser Weg überhaupt gelingen kann. Und noch ist nicht klar, ob die DLT tatsächlich deutliche und nachweisbare Verbesserungen liefert und es nach dem aktuellen Hype zu realen praxistauglichen Lösungen kommt. Hierüber darf es auch keine Illusionen geben.

René Schneider

Chancen und Grenzen von Transparenz in der Abgeordnetentätigkeit

Als ich 2012 zum ersten Mal für den Landtag Nordrhein-Westfalen kandidierte, saß ich während des Wahlkampfes auf einigen Diskussionspodien gemeinsam mit einem Kandidaten der Piratenpartei. Einmal davon abgesehen, dass er viele Antworten mit Hinweis darauf schuldig blieb, dass er und seine Partei sich hierüber erst noch eine Meinung bilden müssten, gab es regelmäßig großen Applaus für Sätze, in denen das Wort „Transparenz" fiel. Nicht nur Schülerinnen und Schüler schienen diese Transparenz im politischen Geschäft zu vermissen. Doch war der parlamentarische Betrieb bis dato tatsächlich so intransparent? Oder ging den Wählerinnen und Wählern die Transparenz noch nicht weit genug? Und wenn das so war (oder ist): Wo sind möglichweise die Grenzen öffentlichen Handelns und Verhandelns im politischen Prozess?

Bestandsaufnahme

Bereits das Grundgesetz sieht vor, dass der Prozess der demokratischen Willensbildung transparent erfolgen muss. Nicht von Ungefähr sind politische Debatten deshalb grundsätzlich öffentlich zu führen. Die Sitzungen des Landtags und seiner Ausschüsse finden öffentlich statt und werden zum Teil – alle Plenardebatten sowie Ausschüsse und Anhörungen auf Antrag – als Livestream im Internet übertragen. Allerdings gibt es hier eine technische Einschränkung, die aufgrund gesetzlicher Vorgaben die Zahl der gleichzeitigen Zuschauer auf 500 begrenzt. Hintergrund ist der 12. Rundfunkänderungsstaatsvertrag, der für Angebote mit mehr als 500 Streamingnutzern gleichzeitig eine Sendelizenz fordert. Diese Lizenz umgeht die Landtagsverwaltung durch die limitierte Nutzerzahl. Hinzu kommen Informationsfreiheitsgesetze, die in den vergangenen Jahren den Bürgerinnen und Bürgern weitreichende Zugriffsrechte auf öffentliche Daten gewährt.

Darüber hinaus lohnt es sich, einmal einen genauen Blick auf die bereits bestehenden Möglichkeiten zur Information im politischen Willensbildungsprozess zu werfen. So gibt es am Beispiel des Landtags Nordrhein-Westfalen eine ganze Reihe von Angeboten auf der Internetseite des Parlaments. Im Dokumentenarchiv befinden sich neben den Drucksachen unter anderem auch Protokolle, Zuschriften und Anfragen, die kontextuell miteinander verbunden sind. So kann man beispielsweise den Weg eines Gesetzes von der Einbringung über die Diskussion in Ausschuss und Plenum inklusive des Diskurses mit Sachverständigen nachverfolgen. Nicht immer lässt sich am Ende das Abstimmungsverhalten jedes einzelnen Abgeordneten nachvollziehen, da zwar abweichende Voten innerhalb einer Fraktion protokolliert werden, aber beispielsweise die Abwesenheit eines Parlamentariers während der Abstimmung nicht verzeichnet wird. Einzig die namentliche Abstimmung, wie sie von mindestens einer Fraktion des Landtags zu einzelnen Tagesordnungspunkten beantragt werden kann, hinterlässt im Protokoll die eindeutige Position des jeweiligen Abgeordneten.

Zudem gibt es zahlreiche veröffentlichungspflichtige Angaben, die jeder Parlamentarier gegenüber der Landtagsverwaltung abgeben muss. Im jeweiligen Steckbrief der aktuell 237 Abgeordneten finden sich neben allgemeinen Kontaktangaben Informationen zum Lebenslauf und den Mitgliedschaften in Ausschüssen und Gremien. Überdies finden sich hier Hinweise darauf, welche Nebentätigkeiten ausgeführt werden und mit welchen finanziellen Entschädigungen sie ggf. verbunden sind.[1] Die Veröffentlichungspflicht soll Abhängigkeitsverhältnisse und Beziehungen zu Dritten außerhalb des Parlamentes deutlich machen. Allerdings, und hierauf komme ich später noch zu

---

[1]   https://www.landtag.nrw.de/portal/WWW/Webmaster/GB_I/I.1/Abgeordnete/abgeordnete→
ndetail.jsp?k=01678.

sprechen, handelt es sich um eine bloße Auflistung, die nicht unbedingt Rückschlüsse auf das Verhalten des jeweiligen Abgeordneten zulässt. Dennoch ist die zuletzt 2014 um wesentliche Veröffentlichungspflichten erweiterte Regelung ein wichtiges Signal des Gesetzgebers, der sich hier selbst größtmögliche Transparenz auferlegt hat.[2]

Nach ihrem Einzug in den NRW-Landtag ließ die Piratenpartei tatsächlich an Stellen Transparenz walten, die bis dahin in allen anderen Fraktionen zumindest einer gewissen Diskretion unterlagen – so beispielsweise bei der Live-Übertragung von Fraktionssitzungen ins Internet. Nach einem ersten Aha-Effekt brachten die Übertragungen aus der Piratenfraktion bei näherem Hinsehen jedoch entweder nur gähnende Langeweile oder – dort wo hitzig diskutiert wurde – den Beweis, dass man manche Diskussionen bis zur abschließenden Meinungsfindung eben besser hinter verschlossenen Türen und unter sich führen sollte. Der ehemalige Piraten-Abgeordnete Daniel Schwerd brachte die damalige Vorgehensweise seiner noch jungen Fraktion so auf den Punkt: „Jeder politische Prozess sollte am besten von Anfang an öffentlich sein. Einen geschützten Raum, Ideen zu entwickeln, gab es nicht: Sofort setzte Missbilligung und Anfeindung ein, und jeder Gedanke wurde schon im Anfangsstadium diskutiert und zerrieben. Ideen, die zu spät in einem zu fortgeschrittenen Zustand präsentiert wurden, galten als intransparent entstanden und daher als böse. Natürlich war so strategische Politik unmöglich."[3]

Diesem Dilemma entging die ehemalige Bundesgeschäftsführerin der Piratenpartei, Marina Weisband, indem sie nicht die absolute Transparenz von Beginn an fordert, sondern unterscheidet: „Transparenz erhöht die Produktivität immer dann, wenn gemeinsame Interessen vorliegen."[4] Damit wird deutlich: Dort, wo der politische Entscheidungsprozess kompetitiv aufgebaut ist, führt Transparenz nicht zum Erfolg. Erst wo man sich einig ist im Ziel, kann offen für alle diskutiert werden.

---

[2] Vgl. die Erläuterungen zu den Regeln für Nebentätigkeiten (Verhaltensregeln) unter https://www.landtag.nrw.de/portal/WWW/GB_I/I.6/Verhaltensregeln/Homepage_Erlaeuterungen_Nebentaetigkeiten.jsp (12.07.2016).
[3] *Schwerd, Daniel*, Politik aus Notwehr, Köln, 2016, S. 96f.
[4] *Weisband, Marina*, Wir nennen es Politik, Leipzig, 2013, S. 109.

Nehmen wir das Beispiel einer x-beliebigen politischen Initiative. Die Partei A möchte einem Wahlversprechen folgend einen Antrag ins Parlament einbringen. Dort, wo sie andere Fraktionen auf ihrer Seite weiß, lohnt es sich, auf diese zuzugehen, Inhalte zumindest teilöffentlich zu diskutieren und sich damit transparent zu machen – so zum Beispiel in einer Koalition, in der die möglichen Initiativen ohnehin in einer Vereinbarung festgehalten sind. Ob Regierungsfraktion oder Opposition: Die Initiative von Beginn an offen mit allen zu besprechen, führt nicht zu einer Produktivitätssteigerung. Im Gegenteil würden die öffentlichen Widerstände noch vor Einbringung des entsprechenden Antrags beginnen und dessen Verabschiedung unter Umständen unmöglich machen.

Einem solch maximal transparenten Verhalten fehlt es am Ende nicht nur an geschützten Räumen sondern auch an Authentizität. Dadurch, dass die beteiligten Abgeordneten darum wissen, dass sie von außen beobachtet werden, ändert sich auch – zumeist unbewusst – ihr Verhalten. Das in der Wissenschaft als Hawthorne-Effekt bekannte Phänomen führt letzten Endes also zu weniger Transparenz, wenn die Parlamentarier wie Schauspieler in eine Rolle verfallen, sobald sie vor der Kamera sitzen. Statt Themen offen zu besprechen, taktieren die Teilnehmer solcher Diskussionen unter Umständen vor der Kamera und betreiben damit alles andere als einen offenen, aufrichtigen Prozess.

Eine weitere Beeinflussung des eigenen Verhaltens kann bei Parlamentariern durch den Austausch mit Lobbyisten entstehen. Um die hier möglicherweise im Sinne von mehr Transparenz nötigen Schritte zu erkennen, bedarf es einer genaueren Definition. Lobbyismus ist demnach: „Einflussnahme organisierter Interessengruppen (z.B. Verbände, Vereine, Nichtregierungsorganisationen) auf Exekutive und Legislative, bspw. in der Form von Anschreiben, Telefonaten, Anhörungen, Vorlagen, Berichten, Studien usw. Gegenleistungen der Interessengruppen an die Politiker können spezifische Informationen, Spenden etc. sein. Lobbyismus kann sich auch in der

Androhung von politischem Druck (Streik, Lieferboykott, Abbau von Arbeitsplätzen) äußern."[5]

Aus meiner Sicht ist der Austausch von Abgeordneten mit so genannten Lobbyisten unproblematisch, sofern sie ausschließlich aus der Übermittlung von Information in Wort und Schrift besteht. Danach ist es am jeweiligen Entscheidungsträger, diese Positionen mit allen Gegenpositionen abzuwägen, um am Ende zu einer Entscheidung zu gelangen. Einzig das Fehlen professionellen Lobbyings im oben genannten Sinne zu gewissen Themen, die keine größere wirtschaftliche oder gesellschaftliche Relevanz entfalten – und deshalb keine Finanzierungsgrundlage haben –, stellt ein systemisches Versagen dar, das hier jedoch nicht näher beleuchtet, werden soll.

Nimmt man allein die Übermittlung von Informationen zu einem Sachverhalt, so erhält jeder Abgeordnete im Sinne von Lobbying regelmäßig Publikationen unaufgefordert zugesendet. Der Landtagsabgeordnete Daniel Schwerd hat zeitweise versucht, diese Briefe, Zeitungen und Zeitschriften zumindest mit Titel, Eingangsdatum und Absender online transparent zu machen. Diesen Versuch musste er jedoch nach rund 16 Monaten wieder einstellen: „Ich habe es aufgegeben, die ganze Post erfassen zu lassen. Es ist einfach zu viel, und bindet einen Mitarbeiter für mehrere Stunden in der Woche ohne sittlichen Nährwert."[6]

Auch ohne diesen Hinweis auf die fehlende Sinnhaftigkeit der Kompletterfassung darf bezweifelt werden, ob der bloße Erhalt einer Information schon dazu geneigt ist, den Adressaten in eine gewisse Richtung zu lenken. Dagegen kann die Nennung von Gesprächspartnern und Inhalten physischer Begegnungen mit Lobbyisten durchaus dabei helfen, den Bürgerinnen und Bürgern einen Eindruck davon zu vermitteln, welche Positionen ein Abgeordneter sich zur Meinungsfindung zumindest angehört hat. Sich auf diese Weise als Abgeordneter Positionen zur erarbeiten – und das transparent zu machen

---

[5] Springer Gabler Verlag (Hrsg.), Gabler Wirtschaftslexikon, Stichwort: Lobbyismus, online im Internet: http://wirtschaftslexikon.gabler.de/Definition/lobbyismus.html.
[6] http://www.daniel-schwerd.de/glaeserner-mdl/lobbypost/ (12.07.2016).

– ist im Sinne eines demokratischen Abwägungsprozesses nicht nur statthaft sondern absolut notwendig.

Implizite Faktoren der Meinungsbildung

Bis hierhin haben wir ausschließlich explizite Formen von Transparenz in der Arbeit eines Abgeordneten beleuchtet. Allerdings gibt es auch zahlreiche andere Faktoren, die das Tun eines Parlamentariers beeinflussen, die sich jedoch schwerlich in Worte oder gar maschinenlesbare Datensätze packen lassen. Diese impliziten Faktoren, wie ich sie einmal nennen möchte, sind zum Beispiel die eigene Erziehung, die Beziehung zu meinen Freunden oder die Menschen, zu denen ich aufgrund einer persönlicheren Beziehung „Du" sage. All diese Punkte beeinflussen einen Parlamentarier unbewusst in seinen Interaktionen und Entscheidungen.

Kann man eine hohe Spende durchaus in Zusammenhang mit einer politischen Abstimmung bringen – ohne dass beides tatsächlich einen kausalen Zusammenhang haben muss –, ist dies zwischen der guten Bekanntschaft zu einem von einem Gesetz negativ betroffenen Menschen und der ablehnenden Haltung in einer Abstimmung darüber eher schwierig, ja vielleicht dem Parlamentarier selbst gar nicht einmal klar.

Es gibt eine ganze Reihe solcher Faktoren, die sich nicht nach außen darstellen lassen, die aber dennoch entscheidend sind für individuelle politische Handlungen und damit im Sinne einer größtmöglichen Transparenz eigentlich „anzeigepflichtig". Doch wollen wir dies tatsächlich? Aus meiner Sicht sollten wir es noch nicht einmal versuchen! Zu schwer wiegt für mich hier der Eingriff in die Persönlichkeitsrechte eines jeden Abgeordneten. Verstörend ist in diesem Zusammenhang die Dystopie, die Dave Eggers in seinem Buch „Der Circle" entwirft. Hier hängen sich immer mehr Menschen Kameras um den Hals, um ihr Leben komplett live ins Internet zu streamen. Ein Politiker, der sich zu Beginn dieser Transparenz-Initiative dem Wunsch seiner Wähler nach maximaler Transparenz widersetzt, wird ziemlich schnell an den Rand gedrückt. Es gibt keinen Zwang zur Kamera, aber wer sie ablehnt, muss mit Abwahl und öffentlicher Ächtung rechnen. Durch die 100-prozentige Selbstüberwachung der Abgeordneten werden auch die letzten toten Winkel des eigenen Verhaltens ausgeleuchtet. Kein Gespräch, keine Situation, keine Handlung bleibt unentdeckt und damit unkommentiert. Eine schöne neue Welt, die man sich trotz aller richtigen Bemühungen um größtmögliche Transparenz nicht wünschen sollte.

Die Sinnfrage

Cui bono – wem nutzt sie die Transparenz im politischen Prozess? Auch diese Frage muss stellen, wer eine vollumfängliche Veröffentlichung von Daten fordert. Denn wenn diese schließlich unter Umständen mit viel Aufwand veröffentlicht sind: Wer kann etwas Sinnvolles mit ihnen anfangen (siehe das Beispiel der publizierten Lobbyistenpost)?

Dazu passt vielleicht ein Vergleich aus dem Bereich der Computer-Software. Seit Jahren kämpfen Aktivisten für offene Quellcodes von Programmen. Die Sichtbarmachung des mit einer DNA vergleichbaren Programmcodes soll es dabei Fachleuten ermöglichen, Befehle zu identifizieren, die zur eigentlichen Funktion der Software nichts beitragen, sondern sachfremden Zwecken dienen – so etwa dem heimlichen Abzweigen von Nutzerdaten an Dritte. Das Problem: Nur wenige Programmierer haben die Zeit, sich – noch dazu ehrenamtlich – mit den Quellcodes zigtausender Programme zu beschäftigen, die sich noch dazu durch ständige Updates und Variationen verändern. Das europäische Parlament hat deshalb ein Pilotprojekt ins Leben gerufen, bei dem mit einer Million Euro die Untersuchung von Quellcodes finanziert wird – allerdings nur für eine überschaubare Zahl von Programmen, die per Nutzerabstimmung ausgewählt werden.[7]

Auf ähnliche Weise kann auch die totale Transparenz ins Leere laufen. Nämlich dann, wenn niemand sie nutzt und sie damit niemandem nutzt. Wer ist also willens und in der Lage, aus einem Wust von Daten rezipierbare Aussa-

---

[7]   Vgl.   https://juliareda.eu/2016/06/hilf-der-eu-freie-software-verlasslicher-und-sicherer-zu-machen/ (12.07.2016).

gen zu verarbeiten? Und reichen hier intrinsische Motive wie etwa bei den vielen App-Programmierern im Open-Data-Bereich, oder bedarf es einer wie auch immer gearteten öffentlichen Co-Finanzierung, um damit auch in Zukunft die notwendige Kontrolle politischer Prozesse zu gewährleisten?

Diese Frage stellt sich im bundesdeutschen Kontext gerade beim Thema Journalismus, der so genannten vierten Gewalt im Staat. Sinkende Print-Auflagen und damit einhergehende Sparmaßnahmen bei Zahl und Umfang der (Lokal-)Redaktionen lassen Zweifel daran aufkommen, dass die Medien noch genügend Ressourcen haben, um aus der wachsenden Masse von Daten und Informationen zum politischen Handeln die wichtigsten herauszufiltern und diese entsprechend aufzubereiten. Auch wenn sich selbstverständlich eine direkte finanzielle Unterstützung von Medien verbietet (Stichwort Staatsferne) unternimmt die NRW-Landesregierung im 2014 novellierten Landesmediengesetz den Versuch, durch eine Stiftung „Partizipation und Vielfalt" (heute „Vor Ort NRW"[8]) solche zu fördern, die nicht zuletzt mit der Auswertung von Daten in politischen Prozessen zu tun haben. Damit soll aus dem unsortierten Wust aus Daten ein Mehrwert für Dritte geschaffen werden. „Auf der sortierten Ebene entsteht Transparenz dadurch, dass Sachverhalte nachvollziehbar sind, je besser sie in Kontext eingebettet und je einfacher sie zu finden sind. Politische Information muss den Menschen finden, nicht umgekehrt."[9]

Geradezu kontraproduktiv wird Transparenz dort, wo sie die Bürgerinnen und Bürger mit Unmengen an ungefilterten Daten ratlos zurück lässt. Insofern kommt Gianni Vattimo zu dem Schluss, dass mehr Information und Kommunikation die Gesellschaft nicht transparenter mache, sondern lediglich die Komplexität der Wirklichkeit vervielfältige.[10] Darum bedarf es neben den Abgeordneten, die sich transparent machen, auch unabhängigen Organen, die aus diesen Daten einen Sinnzusammenhang stiften.

---

[8] https://www.lfm-nrw.de/foerderung/vor-ort-nrw.html (12.06.2016).
[9] *Weisband, Marina*, Wir nennen es Politik, Leipzig, 2013, S. 114.
[10] *Vattimo, Gianni*, Die transparente Gesellschaft, Wien, 1992.

Die bekannteste Plattform zur Veröffentlichung von politischen Entscheidungen in Deutschland ist sicherlich abgeordnetenwatch.de. Darüber hinaus beginnt die Open-Data-Bewegung langsam auch hierzulande, aus den frei veröffentlichten Daten Mehrwerte zu programmieren. „Werden Daten erst einmal genutzt und analysiert, können Regierung und Bürger den Schritt von der Transparenz zur Zusammenarbeit gehen. Kluge Regierungen fordern ihre Bürger deshalb auf, die Daten in Anwendungen zu verwandeln."[11]

Wirkungslosigkeit entfaltet Transparenz eben dort, wo ihr keine Öffentlichkeit widerfährt, sie also ohne den Resonanzboden einer öffentlichen Diskussion nicht ins Bewusstsein der Bürgerinnen und Bürger dringt. Es braucht deshalb beachtete Plattformen, die die Daten zur politischen Transparenz in den Fokus der Öffentlichkeit rücken und sie – wo nötig – aufarbeiten und in einen Kontext setzen, damit sich Bürgerinnen und Bürger mit ihnen beschäftigen. Dies ist bei der Vielzahl der Themen kaum für alle Politikerfelder möglich. Dennoch besteht hier immer die theoretische Möglichkeit zur Auseinandersetzung auf den politischen Entscheidungsebenen von Kommunen, Ländern und dem Bund. Kritisch hingegen wirkt die Legislative der Europäischen Union auf Beobachter wie den Juristen Ulf Buermeyer.

„Das Problem ist, dass wir in Europa bislang eigentlich keine Diskussion in einer gesamteuropäischen Zivilgesellschaft haben. Das hat viel zu tun mit Sprachbarrieren. Das macht es einfach sehr schwer, dass man sich innerhalb Europas wirklich komplett austauscht darüber, was denn eigentlich die europäische Politik sein soll. Das führt ja auch oft dazu, dass Maßnahmen, die sich auf nationaler Ebene eben nicht durchsetzen ließen, Stichwort deutsche Vorratsdatenspeicherung – ist gescheitert in den 2000er Jahren –, Stichwort Zensursula ist gescheitert, und jetzt spielt man quasi die europäische Karte und versucht, eine auf nationaler Ebene wegen einer breiten Diskussion nicht umsetzbare Maßnahme in Europa durchzuboxen. Vielleicht auch in der Hoffnung, dass auch einfach weniger diskutiert wird."[12]

---

[11] *Jarvis, Jeff*, Mehr Transparenz wagen!, Köln, 2012, S. 259.
[12] http://breitband.deutschlandradiokultur.de/brb160709/?play=1 (12.07.2016).

Zu verhindern, dass kontrovers diskutierte Entscheidungen auf die europäische Bank geschoben werden und dort mangels öffentlichen Interesses nicht diskutiert werden, ist ebenso Aufgabe nationalstaatlicher Regierungen und Parlamente wie die Ausweitung von Transparenz sowie ihrer inhaltlichen Auswertung und Diskussion in einer gesamteuropäischen Öffentlichkeit.

Mein Fazit

Im Mittelpunkt meiner bisherigen Ausführung steht der Gedanke, dass über die Entscheidung eines Abgeordneten in einer Abstimmung größtmögliche Transparenz hergestellt werden muss. Diese Herleitung aus dem politischen Prozess an und für sich sowie auf Basis der diversen Selbstauskünfte expliziter Faktoren kann sowohl im laufenden Prozess stattfinden (prospektiv) oder als retrospektive Erklärung im Nachgang einer Entscheidung. Letztere wird, wie wir oben festgestellt haben, immer dann das Mittel der Wahl sein müssen, wenn es um einen kompetitiven und damit im Geheimen diskutierten Vorgang geht.

Zu beachten ist ferner, dass weniger der individuelle Meinungsbildungsprozess des Abgeordneten „im stillen Kämmerlein" in unserer parlamentarischen Demokratie die entscheidende Rolle spielt als vielmehr der Diskussionsprozess innerhalb von Fraktionen. Sich in den Arbeitskreisen und der Gesamtfraktion eine abschließende Meinung zu bilden und sie in der Diskussion mit Kolleginnen und Kollegen der eigenen Partei abzuwägen ist letztlich der Prozess, der bei der Schaffung einer retrospektiven Transparenz abgebildet werden muss.

Viel wichtiger scheint mir in meiner Arbeit als Abgeordneter jedoch zu sein, gegenüber den Bürgerinnen und Bürgern eine generelle Offenheit zu zeigen, sofern man damit nicht die eigenen Persönlichkeitsrechte verletzt. Dies wird aktuell realisiert durch die schon möglichen Einsichten auf die Arbeit eines Abgeordneten (s.o.) sowie die Darstellung der politischen Arbeit in sozialen Medien und auf der eigenen Internetseite. „Sagen, was man tut, und tun, was man sagt", hat der ehemalige NRW-Ministerpräsident Johannes Rau einmal auf den Punkt gebracht. Es geht bei der Arbeit als Abgeordneter darum, ein kohärentes und allzeit integres Verhalten an den Tag zu legen, das durch die Veröffentlichung von Daten nachvollziehbar und bewertbar wird. Völlig unabhängig davon, ob letztlich der komplette dadurch entstehende Datenwust kontinuierlich analysiert und ausgewertet wird, bleibt so das nachprüfbare Gefühl der Transparenz. Wie im Falle der Veröffentlichung von Quellcodes wie oben geschildert, kommt es tatsächlich nicht darauf an, ob jedes einzelne Tun kontrolliert wird. Vielmehr ist es wichtig, dass jederzeit die Möglichkeit zur Einsicht besteht.

Hierbei kann es etwa in den sozialen Medien durch die so genannte „Filterblase" dazu kommen, dass nicht mehr allen Freunden alle Inhalte angezeigt werden. Ein Algorithmus des Plattformbetreibers sorgt dafür, dass beispielsweise den Nutzern von Facebook nur diejenigen Meldungen angeboten werden, die ihnen vermutlich gefallen. So werden SPD-affine Zielgruppen diejenigen Botschaften erhalten, mit denen sie konform gehen. Gleiches gilt für die Anhänger anderer Parteien und politischer Ideologien. Doch was heißt das für Abgeordnete, die ihre Präsenz zur Vermittlung politisch kontroverser Inhalte nutzen und andere von ihrer Position überzeugen wollen? Momentan bleibt ihnen leider nicht viel anderes übrig, als durch bezahlte Inhalte in die Filterblase zu stechen. Dies kostet nicht nur Geld, sondern bedarf auch der klugen Auswahl derjenigen Zielgruppen, die nicht ohnehin durch die eigene Präsenz erreicht werden können. In Sachen Budget und Know-How stoßen viele Abgeordnete an die Grenze des Leistbaren, zumal die Darstellungsformen im Netz (Foto, Video, Podcasts), mit denen man die Bürgerinnen und Bürger erreicht, in der Produktion immer aufwändiger und diffiziler werden. Gleichzeitig stellt sich auch hier die Frage, inwieweit sich der Abgeordnete somit inszeniert statt ungefiltert zu kommunizieren.

Insgesamt muss Transparenz als Prinzip und nicht Transparenz aus Prinzip für Abgeordnete bei der Frage im Mittelpunkt stehen, wie sie ihr tägliches Tun gegenüber ihren Wählerinnen und Wählern beschreiben und erläutern. Niemals darf Transparenz als Politikersatz dienen. Erst dann erwächst aus den Möglichkeiten, die sich durch die Transparenz im digitalen Zeitalter ergeben, die Chance, ein enges Vertrauen zwischen dem Abgeordneten auf Zeit und denjenigen zu knüpfen, die ihm ihre Stimme geliehen haben. Im politischen Handeln gibt es kein richtiges und kein falsches Verhalten, sofern das eigene Tun transparent dokumentiert wurde. Hierbei bis an die Grenzen des Sinnvollen zu gehen und diese Schwelle auch tatsächlich zu erkennen, ist die eigentliche Herausforderung von Parlamentariern, die sich den Transparenzwünschen und -möglichkeiten im digitalen Zeitalter stellen.

Jorma Klauss

Praktische Offenheit vor Ort. Politische Kommunikation in der Gemeinde

Für die Bundesrepublik Deutschland wird zumeist ein dreistufiges Staatssystem beschrieben, das die Bundes-, die Landes- und die kommunale Ebene umfasst. Während die Bundes- und die Landesebene echte staatliche Ebenen mit eigenen Verfassungen sind, unterliegen die Städte und Gemeinden den Landesverfassungen und sind somit integraler Bestandteil der Länder.

Ein weiterer Hinweis darauf, dass es sich bei Kommunen um keine eigenständige staatliche Ebene handelt, ist die Tatsache, dass es auf kommunaler Ebene keine klare Gewaltenteilung gibt. Für die Judikative gibt es ohnehin keine kommunale Ebene. Aber auch die Kommunalparlamente sind keine Legislative im eigentlichen Sinne, sondern lediglich ein Gremium der exekutiven Gewalt. Nur so ist es legitim, dass eine hauptamtliche Bürgermeisterin bzw. ein hauptamtlicher Bürgermeister sowohl dem Stadt- oder Gemeinderat vorsteht, als auch Chef/-in der Kommunalverwaltung ist.

Kommunen sind insoweit nicht „Staat", sondern vielmehr die Institutionalisierung der Selbstverwaltung durch Bürgerinnen und Bürger – natürlich im Rahmen der geltenden Gesetze, insbesondere der Gemeindeordnungen der Länder, und zudem in ihrer Eigenständigkeit geschützt durch Art. 28 Abs. 2 des Grundgesetzes.

Die Begrifflichkeit der „Stadt" oder der „Gemeinde" umfasst insoweit weder nur die Stadt- oder Gemeindeverwaltung, noch die Verwaltung und die kommunalen politischen Gremien zusammen, sondern vielmehr die Gesamtheit der Bürgerinnen und Bürger einer Kommune. In dieser kommunalen Selbstverwaltung ist die jeweilige Stadt- oder Gemeindeverwaltung somit nur der kleine hauptamtliche Teil des Gemeinwesens, das ansonsten insbesondere durch das Ehrenamt getragen wird.

Für die politische Kommunikation in einer Gemeinde hat diese Betrachtungsweise eine erhebliche Rückwirkung, worauf in den nachfolgenden Textabschnitten näher eingegangen werden soll.

Rollenverteilung zwischen Haupt- und Ehrenamt

Die Aufgaben, die die Länder ihren Kommunen zur kommunalen Selbstverwaltung überlassen, sind durch das Gemeinwesen insgesamt wahrzunehmen. Hierbei gibt es zunächst keine Festlegung, dass die Aufgaben durch die Stadt- oder Gemeindeverwaltung im Hauptamt oder durch die Bürgerinnen und Bürger selbst im Ehrenamt erledigt werden. Natürlich gibt es einzelne Aufgaben, die der Bearbeitung durch hauptamtlich Beschäftigte bedürfen oder wo dies sogar gesetzlich vorgeschrieben ist. Ansonsten gilt aber: Je aktiver ein Gemeinwesen im Ehrenamt ist, desto weniger muss hauptamtlich wahrgenommen werden. Ein aktives Gemeinwesen hat daher nicht nur eine große Bedeutung für den Zusammenhalt und das Zusammengehörigkeitsgefühl in einer Kommune, sondern leistet auch einen wichtigen Beitrag für den Wohlstand in einer Stadt oder Gemeinde. Denn aktives Ehrenamt bedeutet zugleich weniger Hauptamt und damit eine schlankere Gemeindeverwaltung. Eine schlanke Gemeindeverwaltung benötigt weniger finanzielle Mittel, weswegen geringere Kommunalsteuern erhoben werden müssen. Und geringere Kommunalsteuern geben den Bürgerinnen und Bürgern mehr eigenen finanziellen Spielraum zurück.

In der Rollenverteilung zwischen Hauptamt und Ehrenamt sind allerdings große Unterschiede zwischen kleinen Kommunen und Großstädten feststellbar. Als Beispiele seien hier Feuerwehren, Bibliotheken, Jugendarbeit, Gemeindearchive, Ortsgestaltung, öffentliche Sauberkeit u. v. m. genannt, die in kleinen Kommunen häufig dem Ehrenamt unterliegen, während sie in Großstädten hauptamtlich verantwortet werden. Dies hat einerseits mit einer höheren Erwartungshaltung der Bürgerinnen und Bürger gegenüber den hauptamtlichen Stadtverwaltungen in Großstädten zu tun, andererseits macht es aufgrund der größeren Dimensionen in Großstädten auch Sinn, Aufgaben auf einem höheren professionellen Level anzugehen, als es in kleinen Kommunen erforderlich ist.

Die althergebrachte Struktur, dass öffentliche Aufgaben durch Bürgerinnen und Bürger selbst wahrgenommen werden, würde neudeutsch als „Crowdsourcing" beschrieben, wenn es um eine Rückgabe von Aufgaben in die Verantwortung der Bürgerinnen und Bürger selbst geht. Populäre Beispiele hierfür sind Baumscheiben- oder Grünflächenpatenschaften, Unterhaltung und Betrieb von Schwimmhallen durch Sportvereine usw. Auch die Unterhaltung von Kindertagesstätten durch Elterninitiativen kann so interpretiert werden.

Interessant ist die Rolle der Bürgermeisterin bzw. des Bürgermeisters in Bezug auf das Ehrenamt. Ihre/Seine Rolle beschränkt sich nämlich nicht nur auf die Führung der Gemeindeverwaltung als hauptamtlichem Teil der Kommune. Ihr/Ihm obliegt auch die Koordination der ehrenamtlichen Aktivitäten, insbesondere an den vielfältigen Schnittstellen zwischen Haupt- und Ehrenamt. Hier ist es nicht damit getan, ehrenamtlich Tätige immer wieder für ihr Engagement zu loben. Viel wichtiger ist es, die Rahmenbedingungen für die ehrenamtliche Erledigung von Aufgaben positiv zu gestalten. Und dabei geht es immer wieder auch um die Bereitstellung von Ressourcen, seien es Räumlichkeiten, Arbeitsmittel oder Geld. Auch die direkte Finanzierung von Ehrenämtern ist ein Thema, dem sich zukünftig vermehrt zu widmen sein wird.

Wichtig für eine gelungene Kommunikation zwischen Haupt- und Ehrenamt ist – wie so oft – die Begegnung auf Augenhöhe. Ehrenamtlich tätige Bürgerinnen und Bürger genießen dabei mindestens den gleichen Respekt, wie die hauptamtlichen Mitarbeiterinnen und Mitarbeiter der Gemeindeverwaltung.

Entscheidungsspielraum der Verwaltungsspitze ist Vertrauenssache

Wie bereits ausgeführt wirken Bürgermeisterin bzw. Bürgermeister, Stadt- oder Gemeindeverwaltung und Stadt- oder Gemeinderat nach außen als Stadt oder Gemeinde insgesamt. Trotzdem gibt es natürlich klare Rollenzuweisungen und Verantwortlichkeiten.

Relevante Entscheidungen werden im Stadt- oder Gemeinderat getroffen. In gewissen Grenzen ermächtigt der Stadt- oder Gemeinderat die Bürgermeisterin bzw. den Bürgermeister, Entscheidungen ohne vorherige Konsultation des Stadt- oder Gemeinderats zu treffen. Dies regelt die städtische oder gemeindliche Hauptsatzung, die der Stadt- oder Gemeinderat selbst beschließt.

Hier ist die Frage, ob der Stadt- oder Gemeinderat der Bürgermeisterin bzw. dem Bürgermeister viel oder wenig eigenen Handlungsspielraum zubilligt. Ein großer Entscheidungsspielraum kann dabei als Zeichen großen Vertrauens gewertet werden, während ein besonders kleiner eigener Entscheidungsspielraum der Bürgermeisterin bzw. des Bürgermeisters als Misstrauensbeweis gesehen werden kann.

Zielführend ist ein Entscheidungsspielraum der Verwaltungsspitze, der eine effiziente Arbeitsweise ermöglicht. Das Vertrauensverhältnis zwischen Stadt- bzw. Gemeinderat und der Bürgermeisterin bzw. dem Bürgermeister bedarf daher der besonderen Pflege – je komplizierter die Mehrheitsverhältnisse im Stadt- oder Gemeinderat sind, desto mehr.

Wechselnde Mehrheiten: Anstrengend, aber nah an der Sache?

Es gibt sie noch, Kommunen mit klaren Verhältnissen, in denen CDU, CSU oder SPD über eine absolute Mehrheit im Stadt- oder Gemeinderat verfügen und auch die Bürgermeisterin bzw. den Bürgermeister stellen. Und dort genügt ein vertrautes Gespräch zwischen Bürgermeisterin bzw. Bürgermeister und der oder dem Vorsitzenden der Mehrheitsfraktion, um die politischen

Möglichkeiten einer Mehrheitsfindung auszutarieren. Das ist effizient, unaufwendig und schnell, wenn die persönliche Chemie stimmt. Aber ist es auch demokratisch? Übertriebene Zweifel daran, sind nicht angebracht. Immerhin entspricht eine absolute Mehrheit einer Partei dem Wählerwillen. Und damit darf auch hergeleitet werden, dass die Art der Entscheidungsfindung vom Wähler gewünscht wird.

Die große Verantwortung in einer solchen absoluten Mehrheitssituation ist jedoch, die getroffenen Entscheidungen für die Bürgerinnen und Bürger immer wieder auch nachvollziehbar zu machen. Geradezu fatal wäre es, wenn im kleinen Kreis Entscheidungen getroffen werden, die dem öffentlichen Meinungsbild zuwider laufen – sei es, weil die Entscheidungen falsch sind oder weil der Kommunikation über eben diese Entscheidungen nicht genug Aufmerksamkeit geschenkt wird..

Dies gilt natürlich für alle Mehrheitskonstellationen, für absolute Mehrheiten aber vor dem Hintergrund der im Nachgang nur eingeschränkten parlamentarischen Kontrolle im Besonderen.

Die gemeinhin übliche Mehrheitskonstellation in deutschen Kommunen ist die Koalition zwischen mehreren Parteien bzw. politischen Gruppierungen.

Auch hier fallen Mehrheiten natürlich nicht vom Himmel. Vielmehr müssen diese in den Gremien und/oder in vorbereitenden Gesprächen zunächst gefunden und austariert werden. Da eine Koalition jedoch üblicherweise auch einen Koalitionsvertrag schließt, in dem die Eckpunkte der für die Legislaturperiode anstehenden Entscheidungen festgehalten sind, ist für ein gewisses Maß an Berechenbarkeit gesorgt. Ein solcher Koalitionsvertrag ist nicht nur die Arbeitsbasis für die die Mehrheit tragenden Fraktionen, er dient auch der Verwaltung als Orientierung für die eigene Arbeit. Dass das politische Geschäft, bedingt durch sich verändernde Sachverhalte oder Sichtweisen, immer wieder auch gut für Überraschungen ist, bleibt vorbehalten.

Üblich zur Vorbereitung politischer Entscheidungen ist die Koalitionsrunde mit oder ohne Einbeziehung der Bürgermeisterin bzw. des Bürgermeisters, je nach dem, ob sie oder er durch die Koalition getragen wird.

Die direkte Wahl von Bürgermeisterin bzw. Bürgermeister durch das Volk kann hier übrigens zu ungewöhnlichen Konstellationen führen. Ein Bürgermeister, der gegen eine politische Mehrheit im Rat agieren muss, muss ganz anderen kommunikativen Anforderungen genügen als ein Bürgermeister, der eine Koalition im Rücken hat.

Gegen eine Mehrheit im Rat arbeiten zu müssen, ist für eine Bürgermeisterin bzw. einen Bürgermeister die denkbar schwierigste Ausgangslage. Hier kommt es vor allem auf die persönlichen kommunikativen Fähigkeiten der Bürgermeisterin bzw. des Bürgermeisters an, ob es eine ständige Konfrontation zwischen Ratsmehrheit und Bürgermeister/-in gibt oder ob eine Arbeitsebene gefunden wird, auf der eine gute Zusammenarbeit möglich ist. Aber auch die Vertreterinnen und Vertreter der Ratsmehrheit müssen bereit zur Zusammenarbeit sein.

Gelingt es nicht, eine Arbeitsebene zu finden, führt dies unweigerlich zur Lähmung des kommunalpolitischen Geschehens mit deutlich negativen Folgen für die Weiterentwicklung der Kommune.

Eine immer wieder anzutreffende Konstellation ist die der wechselnden Mehrheiten. Die Aufsplitterung des politischen Parteienspektrums – im kommunalen Umfeld verschärft durch unabhängige Wählergemeinschaften – sorgt dafür, dass es in vielen Kommunen keine klaren Mehrheitsverhältnisse mehr gibt. Häufig sind nicht einmal mehr Union und SPD zusammen in der Lage, eine gemeinsame Mehrheit zustande zu bringen.

Aber selbst wenn eine Koalition rechnerisch möglich wäre, wird hierauf in vielen Kommunen verzichtet. Denn das „Spiel" mit wechselnden Mehrheit birgt handfeste Vorteile in sich. Mehrheiten müssen jedes Mal neu gefunden werden. Dies bedingt, dass über zu treffende Entscheidungen viel und intensiv diskutiert wird. Und häufig finden sich auf diese Weise wohl abgewogene

Entscheidungen. Wird eine solche Konstellation positiv gelebt, kann die Arbeitsweise eines Stadt- oder Gemeinderates als vorbildhaft demokratisch wahrgenommen werden.

Eine Grundvoraussetzung hierfür ist jedoch der grundsätzliche Gestaltungswille in allen Fraktionen und eine gute und offene Kommunikation zwischen allen Beteiligten. In der Konstellation mit wechselnden Mehrheiten gibt es bestenfalls keine grundsätzliche Koalition und keine grundsätzliche Opposition.

Der Rolle der Bürgermeisterin bzw. des Bürgermeisters kommt hierbei eine entscheidende Rolle zu. Denn es ist ihre/seine native Aufgabe, die unterschiedlichen Interessenlagen immer wieder zusammenzuführen und Mehrheiten zu organisieren. Die Bürgermeisterin bzw. der Bürgermeister ist in einer vergleichsweise starken Rolle, da sie oder er sehr unabhängig von parteitaktischen Überlegungen agieren muss und kann.

Geübte Praxis sind regelmäßige Abstimmungsrunden der Fraktionsvorsitzenden und der Bürgermeisterin bzw. des Bürgermeisters, um Sitzungen vorzubereiten, und Mehrheiten auszutarieren.

Kritisch sind wechselnde Mehrheiten, wenn der grundsätzliche Gestaltungswille in den Fraktionen fehlt und eine oder mehrere Fraktionen ausscheren. Insbesondere in Kommunen mit kritischer Haushaltslage ist es verführerisch, sich in eine grundsätzliche Oppositionsrolle zu begeben, um sich der Verantwortung für ggf. unpopuläre aber notwendige Entscheidungen zu entziehen.

Tritt dies ein, wird das „Spiel" mit wechselnden Mehrheiten konterkariert. Die Fraktionen, die weiterhin zu ihrer Verantwortung stehen, wären in einem solchen Fall gut beraten, sich über eine Koalition zu verständigen.

Das entscheidende Kriterium, ob wechselnde Mehrheiten funktionieren oder nicht, dürfte die jährliche Aufstellung des Stadt- oder Gemeindehaushalts sein. Nur wenn eine grundsätzliche Einigkeit bzgl. der Aufstellung des Stadt- oder Gemeindehaushalts besteht, dieser also von der weit überwiegenden

Mehrzahl der Stadt- bzw. Gemeinderatsmitglieder getragen wird, besteht die Option, mit wechselnden Mehrheiten effektiv zu arbeiten.

In die Aufstellung des Haushalts ist zu diesem Zweck mehr kommunikative Arbeit zu stecken, als es sonst üblich wäre. In politischen Verhandlungen ist es der einfachste Weg, sich die Zustimmung aller Beteiligten durch Erhöhung von Ausgaben zu sichern und zugleich die Steuern zu senken. Dass dies nicht nachhaltig ist, liegt auf der Hand. Es gilt also einen Haushalt aufzustellen, mit dem sich alle identifizieren können, der aber trotzdem den Anforderungen gerecht wird, eine positive Weiterentwicklung der Stadt oder Gemeinde zu ermöglichen und den Sparzielen der jeweiligen Stadt oder Gemeinde zu genügen.

Hilfreich bei der Erreichung dieses Ziels kann es sein, sich mit dem gesamten Stadt- oder Gemeinderat auf eine Strategie für die Kommune zu verständigen und diese zu dokumentieren. Nicht unüblich ist es, hierfür externe Beratung und Moderation in Anspruch zu nehmen. Herausfordernd für alle Fraktionen ist es sodann, sich im politischen Alltagsgeschäft an diese Strategie zu halten.

Eine solche ausgearbeitete und dokumentierte Strategie wirkt in die Verwaltung sodann ähnlich wie ein Parteiprogramm bei absoluten Mehrheiten oder ein Koalitionsvertrag als Orientierungsrahmen für die operative Arbeit.

Parteienverdrossenheit und unabhängige Wählergemeinschaften

Der politische Raum im kommunalen Umfeld ist inzwischen längst nicht mehr nur von bundes- oder landesweit agierenden Parteien gekennzeichnet. Insbesondere im ländlichen Raum haben sich in den letzten Jahren vermehrt unabhängige Wählergemeinschaften etabliert. Zunächst insbesondere im Süden der Bundesrepublik vorkommend, sind sie inzwischen bundesweit in Kommunalparlamenten anzutreffen. Ihre Gründung geht häufig auf Bürgerinitiativen zu bestimmten kommunalpolitischen Themen zurück, die ihre Mitglieder für das Geschehen in ihren Städten oder Gemeinden politisiert haben. Ihnen kam und kommt gelegen, dass viele Bundesländer über keine oder nur geringe kommunale Sperrklauseln verfügen. Im gemeinhin üblichen politischen „Spiel" von Regierung und Opposition haben sich die Mitglieder unabhängiger Wählergemeinschaften nicht wiedergefunden.

Es mag als beachtenswert empfunden werden, dass sich unabhängige Wählergemeinschaften vornehmlich in konservativ geprägten Landstrichen gebildet haben. Hier ist eine Abwendung von kommunalpolitischen Positionen der zumeist ursprünglich die Gemeinde tragenden Unionsparteien CDU oder CSU ohne Zuwendung zu den eher politisch links zu verortenden Sozialdemokraten oder Grünen zu erkennen. Auch eine Abkehr vom System der politischen Parteien insgesamt mag eine Rolle spielen.

Unabhängige Wählergemeinschaften verstehen sich häufig selbst als antipolitisch und referenzieren ausschließlich auf das Geschehen in ihren Kommunen. Sie binden somit eine Wählerschaft, die sich mit politischen Parteien nicht (mehr) identifizieren kann, trotzdem aber Interesse an kommunalpolitischen Themen hat.

Mindestens dies belegt, dass Politikverdrossenheit in vielen Fällen eher als Parteienverdrossenheit zu verstehen ist und dass Bürgerinnen und Bürger für kommunalpolitische Themen erreichbar sind, wenn ihnen ein attraktiv erscheinendes Vertretungsangebot in kommunalen Gremien offeriert wird.

Für die politische Kultur innerhalb von Städten und Gemeinden mag dies von Vorteil sein. Ein handfester Nachteil von unabhängigen Wählergemeinschaften ist ihre fehlende politische Vernetzung in übergeordnete staatliche Strukturen.

Vernetzte Kommunikation in der Kommunalpolitik

Führt man sich den eigenen Handlungsspielraum einer Kommune vor Augen – als Beispiel sei eine kleine kreisangehörige Gemeinde angenommen – wird schnell klar, dass nur wenige Entscheidungen wirklich unabhängig von übergeordneten Institutionen getroffen werden können. Die Beispiele sind vielfältig:

1. Bauleitplanung bei der Gemeinde, Bauordnung und Umweltamt beim Kreis
2. Ehrenamtliche Jugendarbeit in der Gemeinde, Jugendamt beim Kreis
3. Schulträgerschaft bei der Gemeinde, staatliches Schulamt beim Kreis
4. Haushaltsaufstellung in der Gemeinde, Haushaltsgenehmigung beim Kreis
5. Kommunalaufsicht beim Kreis

Darüber hinaus spielen das Land, der Bund und die Europäische Union natürlich eine wichtige steuernde Rolle, wenn es um die Genehmigung von Zuschüssen zu diversen Maßnahmen geht.

Diese Einschränkung der kommunalen Selbstverwaltung und die bestehenden Abhängigkeiten von übergeordneten staatlichen Ebenen kann man beklagen oder mit ihnen umgehen.

Insofern ist die gut vernetzte Kommunikation mit den Entscheidungsträgern auf den übergeordneten staatlichen Ebenen ein Erfolgsfaktor für Kommunalpolitikerinnen und Kommunalpolitiker. Hierbei helfen ein gegenseitiges gutes persönliches Verständnis und ein professioneller Umgang mit Konflikten. Aber auch die Strukturen von überörtlich agierenden Parteien leisten einen wichtigen Beitrag bei der vernetzten Kommunikation zwischen den Beteiligten.

Es ist zielführend, wenn die kommunalen Parteien hier eng zusammenwirken und die jeweils eigenen innerparteilichen Netzwerke im Interesse der Stadt bzw. Gemeinde in abgestimmter Art und Weise nutzen. Und es ist die Eigenart von „Politik" an sich, dass dies außerhalb von Wahlkämpfen recht gut funktioniert, während es zu Wahlkampfzeiten eher schlecht funktioniert.

Demokratiekosten

Für die Stadt- oder Gemeindeverwaltungen bedeutet eine aktive Kommunalpolitik Arbeitsaufwand – je unklarer die Mehrheiten, desto mehr. Die intensiven politischen Diskussionen in den Gremien machen die dort getroffenen Entscheidungen wenig berechenbar. Häufiger als in anderen Mehrheitskonstellationen, werden Beschlussvorschläge der Verwaltung nicht „durchgewunken", sondern abgeändert oder ins Gegenteil verkehrt.

Dies führt dazu, dass Beschlussvorlagen verwaltungsseitig von vornherein informativer gestaltet werden, häufig sogar bei interfraktionellen Vorbereitungsterminen vorbesprochen werden. Auch Nachverhandlungen mit Bauherren, potenziellen Lieferanten oder sonstigen Interessenträgern in der Folge der Vorberatung in Fachausschüssen, sind vermehrt an der Tagesordnung.

All dies führt zu einem Mehraufwand in der Kommunalverwaltung, der beträchtliche Ausmaße annehmen kann. Dies mag als ineffizient wahrgenommen werden. Andererseits sind es die logischen Folgekosten intensiv gelebter Demokratie. Außerdem mag positiv angenommen werden, dass eine breite politische Diskussion zu einzelnen Themen am Ende zu besseren oder kostengünstigeren Ergebnissen führt, sich der Mehraufwand in der Entscheidungsfindung volkswirtschaftlich sogar rechnet.

Partizipation und Transparenz

Das demokratische System in deutschen Kommunen ist zunächst repräsentativer Natur. Die Bürgerin bzw. der Bürger wählt seine Vertreterin bzw. seinen Vertreter in den Stadt- oder Gemeinderat. Zudem wir die Bürgermeisterin bzw. der Bürgermeister direkt gewählt.

Es gelten das Öffentlichkeitsgebot in Bezug auf die Gremiensitzungen, verbunden mit der Möglichkeit für Bürgerinnen und Bürger, im Rahmen der Stadt- oder Gemeinderatssitzungen Anfragen an den Rat oder die Verwaltung zu richten, Veröffentlichungspflichten bzgl. der getroffenen Beschlüsse und Beteiligungsverfahren zum Haushalt oder in der Bauleitplanung. Veröffentlichungen erfolgen durch Aushänge im Stadt- oder Gemeindegebiet und in der örtlichen Presse.

Geübte Praxis in vielen Kommunen ist es jedoch, über die gesetzlich vorge-schriebenen Partizipations- und Informationsmöglichkeiten hinauszugehen. Etabliert haben sich Bürgerinformationsveranstaltungen, Bürgersprechstun-den der Bürgermeisterin bzw. des Bürgermeisters, die Publikation von In-formationen im Internet usw.

Darüber hinaus gibt es Bürgerbegehren, die zu einem Bürgerentscheid führen können. Auch der Stadt- bzw. Gemeinderat hat unter bestimmten Vorausset-zungen die Möglichkeit, Ratsbürgerentscheide zu initiieren. Beide in ihrer Abwicklung und ihrer Folgewirkung gleichartigen Abstimmungen unter-scheiden sich in ihrem Sinn und Zweck jedoch elementar. Während Bürger-begehren den Bürgerinnen und Bürgern die Option einräumen, sich gegen eine durch den Stadt- oder Gemeinderat getroffene oder eben unterbliebene Entscheidung zu wehren bzw. zu intervenieren, sind Ratsbürgerentscheide eine Rückdelegation von Entscheidungskompetenz vom Stadt- oder Gemein-derat an die Bürgerinnen und Bürger.

Es mag verschiedene Gründe haben, warum ein Stadt- oder Gemeinderat auf das Instrument des Ratsbürgerentscheids zurückgreift. In Betracht kommt, dass eine Entscheidung von solcher Tragweite zu treffen ist, dass sich der Stadt- oder Gemeinderat selbst nicht traut, sie zu treffen. Dies wäre insbe-sondere dann nachvollziehbar, wenn ein Stadt- oder Gemeinderat Entschei-dungen solcher Tragweite auch ansonsten nicht selbst trifft. In Betracht kommt ebenfalls, dass eine Mehrheit im Stadt- oder Gemeinderat gerne eine Entscheidung treffen würde, die zuvor – z. B. in einem Kommunalwahl-kampf – anders avisiert wurde und sich dabei dem Vorwurf entziehen möch-te, sich nicht an abgegebene Wahlversprechen zu halten. Hierfür mag es hehre Gründe geben, z.B. einen zwischenzeitlich erfolgten Sinneswandel oder einen veränderten zugrundeliegenden Sachverhalt. Eine weitere Motiva-tion für die Initiierung eines Ratsbürgerentscheids könnte es sein, einer öf-fentlichen Diskussion Einhalt zu gebieten, die potenziell ohnehin zu einem erfolgreichen Bürgerbegehren führen könnte, sich der Stadt- oder Gemeinde-rat aber nicht die Blöße geben will, sich zu einem Bürgerentscheid gezwun-gen gelassen zu haben.

Unabhängig von der tatsächlichen politischen Motivation, die zu einem Rats-
bürgerentscheid führt, ist es wichtig, die Entscheidungsträger – in dem Fall
die Bürgerinnen und Bürger – auf einen Informationsstand zu heben, der eine
sachgerechte Bewertung und Entscheidung möglich macht.

Die positive Wirkung und die Ausgewogenheit direkter Demokratie darf man
regelmäßig in der Schweiz erleben. Dass Volksentscheide durch populisti-
sche Agitation und Desinformation zu unausgewogenen Entscheidungen
durch Bürgerinnen und Bürger führen können, jedoch ebenfalls. Auch die in
Großbritannien getroffene Entscheidung zum Ausscheiden aus der Europäischen Union („Brexit"), wird von vielen Seiten in diesem Sinne bewertet.

Klar ist, dass ein kleines Gremium, wie ein Stadt- oder Gemeinderat, deutlich
einfacher über einen komplexen Sachverhalt informiert werden kann, als die
Gesamtheit einer Bevölkerung.

Voraussetzung für eine stärkere Partizipation der Bürgerinnen und Bürger an
der politischen Entscheidungsfindung ist daher in jedem Fall eine größere
Transparenz. Dies kann auf dem oben beschriebenen, klassischen Weg erfolgen. Der technologische Fortschritt eröffnet jedoch Möglichkeiten, darüber
hinaus zu gehen.

Open Government in kleinen Kommunen

„Open Government ist ein Synonym für die Öffnung von Regierung und
Verwaltung gegenüber der Bevölkerung und der Wirtschaft." (Wikipedia:
https://de.m.wikipedia.org/wiki/Open_Government) In dem Maße, in dem
Kommunen nicht als „Staat", sondern als Selbstverwaltung der Bürgerinnen
und Bürger verstanden werden, könnte die Frage nach der Notwendigkeit von
Abwehrmechanismen gegen vermeintlich willkürliches staatliches Handeln
berechtigt sein. Jedenfalls sind Kommunalverwaltungen per se deutlich bür-
gernäher, als übergeordnete staatliche Institutionen.

Die Größe kommunaler Gebietskörperschaften mag für die diesbezügliche
Bewertung jedoch entscheidend sein. Politik und Verwaltung einer Großstadt

dürften als vergleichsweise weit entfernt vom persönlichen Lebensumfeld ihrer Bürgerinnen und Bürger empfunden werden. In kleinen Kommunen wird Transparenz häufig schon durch die Möglichkeit der persönlichen Ansprache der Bürgermeisterin oder des Bürgermeisters bzw. der Vertreterinnen und Vertreter der politischen Gruppierungen erzeugt.

Es verwundert insoweit nicht, dass Themen wie „Open Data" oder „Offener Haushalt" vor allem in den Großstädten der Bundesrepublik politische Resonanz gefunden haben. In kleineren Kommunen gibt es diesbezüglich schlicht keinen politischen Diskurs. Von Ausnahmen, die auf Affinitäten einzelner Personen zurückzuführen sind, sei abgesehen.

Dies erlaubt den Rückschluss, dass die bereits etablierten politischen Einfluss- und Kontrollmöglichkeiten in kleineren Kommunen als hinreichend wahrgenommen werden.

Soweit Open Government aber auch im Sinne einer Digitalisierung der ansonsten analog stattfindenden Kommunikation und Interaktion zwischen Bürgerinnen und Bürgern, Wirtschaft, Rat und Verwaltung verstanden werden kann, finden die entsprechenden Techniken vermehrt auch in kleineren Kommunen ihre Anwendung. Zu nennen sind hier Ratsinformationssysteme, Bürgerportale und Partizipationsplattformen, aber auch informativ gestaltete Internetauftritte und Blogs, sowie die aktive Repräsentation in sozialen Medien wie Facebook und Twitter.

Persönliche Präsenz – analog oder digital

Die persönliche Präsenz und Ansprechbarkeit der Bürgermeisterin oder des Bürgermeisters bzw. der Repräsentanten der kommunalen politischen Gruppierungen ist für viele Bürgerinnen und Bürger vertrauensstiftend.

Dies gilt in der analogen Welt für öffentliche Veranstaltungen, Bürgersprechstunden oder einfach nur bei Rundgängen durch die Stadt oder Gemeinde. Und in dem Maße, in dem sich die Kommunikation zwischen den Menschen auf soziale Medien verlagert, gilt dies auch für die digitale Welt. So besteht seitens der Bürgerinnen und Bürger die selbstverständliche Erwartungshaltung, dass Kommunalpolitiker z. B. über Facebook ansprechbar sind.

Die Kommunikation über soziale Medien wie Facebook oder Twitter ist im Hinblick auf den Datenschutz natürlich kritisch zu bewerten. Über konkrete Inhalte mit Personenbezug, sollte auch zwingend ein sicherer Kommunikationskanal gewählt werden. Aber es gilt auch, die Kommunikation dort stattfinden zu lassen, wo der Bürger ist. Im Hinblick auf den Verbreitungsgrad in der Bevölkerung ist das zur Zeit Facebook. Einen gleichwertigen Kommunikationskanal, der dem deutschen Datenschutzrecht untersteht, gibt es schlicht nicht. Insoweit ist eine pragmatische Herangehensweise angebracht.

Dreh- und Angelpunkt des politischen Geschäfts in Kommunen ist und bleibt die persönliche Kommunikation und die direkte und unmittelbare Ansprechbarkeit für Bürgerinnen und Bürgern, sowie Unternehmen.

Dieter Hofmann

Bürgerschaftliches Engagement – Resonanzboden für Offenheit und Transparenz

Am 14. November 2015 fand in der Bergischen Volkshochschule in Wuppertal-Elberfeld die fünfte Tagung Offene Kommunen.NRW statt. Engagierte Wuppertaler Bürger des Kompetenznetzes Bürgerhaushalt hatten zum fünften Mal im jährlichen Turnus landesweit zu einer selbstorganisierten Tagung rund um Open Government und Open Data in Kommunen eingeladen. Wie in jedem Jahr ging es ihnen darum, Vertreter aus Zivilgesellschaft, Politik, Verwaltung, Wissenschaft und Wirtschaft zu einem interdisziplinären Austausch zu Engagement, Kooperation, Transparenz und Beteiligung zu versammeln. Die Grundidee der Veranstaltungsreihe Offene Kommunen.NRW ist die, dass ein offener Austausch über Kommunen und Disziplinen hinweg zu einer zukunftsfähigen Entwicklung beiträgt sowie die Problemlösungsfähigkeit und Innovationskraft vor Ort stärkt.

In ihrem fünften Jahr wurde die Tagung erstmals vom Wuppertaler Oberbürgermeister Andreas Mucke eröffnet. Sowohl er als auch Dr. Detlef Vonde, Fachbereichsleiter Politik an der Bergischen VHS, wiesen in ihren Grußworten darauf hin, dass eine von Bürgern organisierte Tagung zu Open Government überaus gut zur ausgeprägten Wuppertaler Tradition des bürgerschaftlichen Engagements passe. Seit über 200 Jahren haben die Bürger des Wuppertales durch Selbstorganisation und tätige Selbsthilfe dazu beigetragen, ihr Gemeinwesen lebenswert zu machen. Die Grundlagen für die besondere sozio-ökonomische Struktur der Städte Elberfeld und Barmen waren seit dem Ende des Mittelalters gelegt worden. Die bürgerlichen Schichten hatten mit ihrer wirtschaftlichen Dynamik und mit ihrem Selbständigkeitsstreben wesentlichen Anteil an dieser Entwicklung. [1]

In den 1850er Jahren entstand das Elberfelder System, der Armenfürsorge. Es war der Versuch, die kommunale Armenfürsorge an die Bedingungen der entstehenden Industriegesellschaft anzupassen und wurde im Laufe der zweiten Hälfte des 19. Jahrhunderts von vielen anderen Städten übernommen. Die Textilstädte Barmen und Elberfeld gehörten in der ersten Hälfte des 19. Jahrhunderts zu den Pionierstädten der Industrialisierung in Deutschland. Die Bevölkerung verdoppelte sich innerhalb weniger Jahrzehnte. Der Anteil der Armen war überproportional hoch. Die städtische Armenverwaltung erwies sich angesichts steigender Herausforderungen als zu teuer und zu ineffizient. Mit dem Elberfelder System versuchte man, die Struktur der Fürsorge an die neuen Bedingungen anzupassen. Dies gelang vor allem durch eine Dezentralisierung der Armenverwaltung und durch eine systematische Entwicklung ehrenamtlicher Armenpfleger. Das System ermöglichte Frauen die in der damaligen Gesellschaft seltene Möglichkeit zur Beteiligung am öffentlichen Leben.

Diese Kultur des Selbermachens pflegen die Wuppertaler noch heute. Am 22. Oktober 2015 schrieb „Die Zeit" nach einer Befragung der 30 größten deutschen Städte zum Thema Flüchtlingsprobleme: „Deutschland braucht mehr Wuppertal."[2] Mehr als 3.000 Menschen kamen 2015 als Flüchtlinge nach Wuppertal. Vier Jahre zuvor waren es gerade einmal 270. Während anderswo in Deutschland angesichts der vielen Neuankömmlinge medienwirksam gestöhnt wurde, oder den Menschen gar nackter Hass und Gewalt entgegenschlugen, ist in Wuppertal einfach gemacht worden, was nötig war. Zusam-

---

[1] *Reulecke, Jürgen*, Das Wuppertal ein Vorreiter im deutschen Modernisierungsprozess. Ein Nachwort, in: Herberts, Hermann, Alles ist Kirche und Handel … Wirtschaft und Gesellschaft Wuppertals im Vormärz und in der Revolution 1848/49, Neustadt a.d. Aisch 1980, S. 239-255.
[2] *Ulrich, Bernd*, Wut ohne Grenzen. Die Zeit, 5. November 2015 http://www.zeit.de/2015/43/hass-aggression-radikalisierung-hetze-rechtsextremismus-fluechtlinge/komplettansicht

men mit unzähligen Ehrenamtlichen wurde die Unterbringung der Neuankömmlinge gemeistert. Stadtverwaltung und Bürger haben gemeinsam Verantwortung übernommen und sich nahtlos ergänzt. Das bedeutete aber nicht, Probleme unter den Tisch zu kehren: Bei jeder der Bürgerversammlungen, die die Stadt sofort organisierte, wenn irgendwo in Wuppertal eine neue Flüchtlingsunterkunft eröffnet werden musste, sind Sorgen und Ängste erfragt und gehört worden. Informationen wurden geliefert, Hintergründe und Zusammenhänge wurden erklärt, Ansprechpartner standen zur Verfügung. Mittlerweile leben 90% aller Flüchtlinge in der Stadt in Wohnungen.

Eine Reise nach Wuppertal ist für mich immer wie ein Schnupperkurs für eine bessere Welt", sagte NRW-Minister Michael Groschek im Herbst 2015 anlässlich der Verleihung der Auszeichnungen „Orte des Fortschritts" an Utopiastadt und Wuppertalbewegung. Das Projekt Utopiastadt in Wuppertal versteht sich als Knotenpunkt verschiedener Kulturinitiativen, Gewerbetreibender, Wissenschaftler und zivilgesellschaftlicher Initiativen. Dem kreativen Zusammenschluss überließ die Stadtsparkasse Wuppertal mit dem denkmalgeschützten Gebäude des ehemaligen Bahnhof Mirke in Wuppertal-Elberfeld einen Ort zur Entwicklung und Erprobung gesellschaftlicher Veränderung. Der Bahnhof Mirke wiederum liegt an der in den neunziger Jahren stillgelegten Nordbahntrasse, die in den letzten Jahren auf Initiative und unter maßgeblicher Mitwirkung des Vereins Wuppertalbewegung zu einem spektakulären Prototypen für Radschnellwege umgebaut wurde. So ist mit der Nordbahntrasse für die Stadt Wuppertal eine besondere Fuß- und Radwegeverbindung entstanden, deren Nutzung bereits jetzt alle Erwartungen übertrifft.

Wuppertal ist jedoch keineswegs auf Rosen gebettet. Ganz im Gegenteil, die Stadt hat seit Anfang der neunziger Jahre über die Hälfte ihrer Industriearbeitsplätze verloren, die Bevölkerung schrumpfte und der Schuldenberg wuchs schier unaufhörlich. Mittlerweile hat die Stadt über zwei Milliarden Euro Schulden. Das Eigenkapital ist komplett aufgezehrt, Schwimmbäder und Schauspielhaus wurden geschlossen, die Verkehrsinfrastruktur zeigt deutlichen Verschleiß, die Serviceleistungen der öffentlichen Verwaltung wurden mehr und mehr eingeschränkt. In dieser Krisensituation, in der der damalige Oberbürgermeister Peter Jung wieder und wieder von der Vergeblichkeitsfalle sprach, besannen sich die Wuppertaler auf ihre eigene Tradition und übernahmen verstärkt bürgerschaftliche Verantwortung für ihre Stadt. Die Armut der öffentlichen Hand eröffnete Freiräume, die eine gut ausgestattete Verwaltung wohl kaum zugelassen hätte. Die Not machte erfinderisch und als die Bürger anfingen, sich um die städtische Infrastruktur zu kümmern, ging das natürlich nicht immer ohne Konflikte ab. „Beim Zusammenraufen von Behörden und bürgerlichem Engagement", so das Fazit von Stadtentwicklungsdezernent Frank Meyer, „prallen mitunter Welten aufeinander. Da müssen wohl beide Seiten akzeptieren, dass es mehr als eine Wahrheit gibt. Doch wenn das alle verstanden haben, klappt es beim nächsten Mal besser." [3]

2009 – in der Phase größter kommunaler Depression, als das jährliche kommunale Haushaltsdefizit 200 Millionen Euro überstieg – gründete sich in Wuppertal das Kompetenznetz Bürgerhaushalt. Beim Namen standen die Kompetenznetze der Medizin Pate. Kompetenznetze in der Medizin verbinden Wissenschaftler, Ärzte und Patienten. Die Bündelung von Kapazitäten und Kompetenzen ermöglicht die Bearbeitung von Problemstellungen, die nur im Verbund erfolgversprechend angegangen werden können. [4]

Wissenschaftler des Center Marc Bloch hatten untersucht, inwiefern die gängigen Bürgerhaushaltsverfahren es ermöglichen, das Wissen der Bürger für bürgernäheres Verwaltungshandeln und bessere politische Entscheidungen nutzbar zu machen. Die Ergebnisse waren wenig ermutigend. Die stark formalisierten und hierarchisierten Verfahren ermöglichten es kaum, das externe Wissen wertschöpfend in den Politik- und Verwaltungsprozess einzuspeisen. [5]

---

[3] *Lau, Peter,* Fünf Thesen über eine arme Stadt, brandeins 07/2013 https://www.brandeins. → de/archiv/2013/fortschritt-wagen/fuenf-thesen-ueber-eine-arme-stadt.

[4] Kompetenznetze in der Medizin http://www.kompetenznetze-medizin.de.

[5] *Herzberg, Carsten, Röcke, Anja, Sintomer, Yves,* Von Porto Alegre nach Europa. Möglichkeiten und Grenzen des Bürgerhaushalts, in Kleger, Heinz & Jochen Franzke (Hrsg.): Kommunaler Bürgerhaushalt in Theorie und Praxis am Beispiel Potsdams, Potsdam: Universitätsverlag Potsdam, 2006

Bürgerhaushalte wurden in Deutschland um die Jahrtausendwende als Instrument der Verwaltungsmodernisierung eingeführt und werden bis heute vorwiegend als Informations- und Konsultationsverfahren in Haushaltsangelegenheiten praktiziert. Sie dienen der Kontaktpflege mit dem Bürger und werden häufig dazu genutzt, die Bürger bei notwendigen Sparmaßnahmen mit ins Boot zu holen. Grundsätzlich haben die Bürger bisher bei Bürgerhaushalten – von einigen wenigen Sonderfällen abgesehen – keine Entscheidungskompetenz. Der Name Bürgerhaushalt weckt also Erwartungen, die die Praxis nicht erfüllen kann.

Das Kompetenznetz Bürgerhaushalt trat an, um Kompetenzen in einem losen Verbund zu organisieren und das Gemeinwesen in Wuppertal durch die Mobilisierung zivilgesellschaftlicher Ressourcen funktionsfähig zu halten, auch wenn die öffentlichen Leistungen der Stadt aufgrund der hohen Verschuldung eingeschränkt werden müssen. Der „Bürgerhaushalt in Bürgerhand" sollte das Instrument zur Entwicklung und Umsetzung kooperativer Problemlösungen werden, ein Ort des Lernens, der Politisierung und der Solidarisierung, der sich durch einen stark offenen Charakter von Bürgerhaushaltsverfahren in anderen deutschen Städten abgrenzt. Dem Konzept liegt die Annahme zugrunde, dass Kommunen in Zukunft nur dann erfolgreich sind, wenn sie ihre Bürger durch Beteiligung und Engagement für das Gemeinwesen mobilisieren und dadurch zugleich Bindung entsteht. [6]

Der Wuppertaler Schuldenberg, der ganz wesentlich durch Landes- und Bundesgesetze verursacht worden war, konnte nicht mehr durch die Stadt allein abgetragen werden. Aufklärung über die Entstehung der Verschuldung und mögliche Tilgungsmodelle durch Bundes- und Landeshilfe, wie man sie z.B. bei der Bankenrettung oder der Unterstützung notleidender Staaten im Zuge der Bewältigung der Finanzkrise praktizierte, gehörten von Beginn an zum Programm der Initiative. Die Überschuldung der Kommune führt zwangsläufig Schritt für Schritt zur Aufhebung der kommunalen Selbstverwaltung und

---

[6] *Hofmann, Dieter*, Ein Bürgerhaushalt der nächsten Generation für Wuppertal, Mai 2010 http://www.buergerhaushalt-wuppertal.de/wp/wp-content/uploads/2011/10/10-10-11-Modellprojekt_B%C3%BCrgerhaushalt_der_n%C3%A4chsten_Generation_in_Wuppertal.pdf

damit zur Aushebelung der kommunalen Demokratie. Für dieses Problem musste eine politische Lösung gefunden werden.

Um auch zukünftig eine attraktive und lebenswerte Stadt zu sein, sollte Wuppertal wieder mehr zu einem Ort der Möglichkeiten werden, an dem man tagtäglich nach Wegen sucht, die Selbstbestimmung wo immer möglich auszuüben oder wiederzugewinnen. Ein Ort an dem es sich die Bürger zur Aufgabe machen, die vorhandenen Potentiale zu entdecken und zu entwickeln. Ein Ort, an dem sich Talente frei entfalten können und wo sie ermutigt werden, dies zu tun. Die Stadt sollte trotz der für einen unabsehbar langen Zeitraum notwendigen Konsolidierung eine positive Vision entwickeln, die die Bürger im Inneren zusammenführt und die nach außen eine positive Strahlkraft entwickelt. Die Herausforderung bestand nicht zuletzt darin, die sich verschärfenden Verteilungskämpfe auf der kommunalen Ebene produktiv zu wenden, um Probleme lösungsorientiert zu bearbeiten sowie Chancen zu erkennen und zu ergreifen.

Gerade wegen seiner soziokulturellen Vielfalt eignet sich Wuppertal ganz hervorragend zur Entwicklung und Erprobung vielfältigster, zivilgesellschaftlich inspirierter, problemscharfer Lösungen unterschiedlichster Problemlagen. Als Stadt der Partizipation sollte es Wuppertal zukünftig gelingen, das Wissen, die Zeit, die Kreativität, die Leidenschaft und hier und da auch das Kapital seiner Einwohner für die Zukunft des Gemeinwesens zu mobilisieren. In Wuppertal würde es dann zukünftig vielleicht schon allein deshalb spannend sein, zu leben, weil man hier mehr und direkter als anderswo aktiv an der Entwicklung und Gestaltung des Gemeinwesens mitwirken kann.

Das Konzept des Bürgerhaushalts in Bürgerhand beschreibt drei Handlungsebenen:

Erstens die Identifikation, Entwicklung und Anwendung geeigneter Methoden und Verfahren zur Bürgerinformation und -unterstützung bei Beteiligungsmöglichkeiten, die Konsultation der Bürger in Entscheidungsprozessen, die konkrete Schaffung von Beteiligungsmöglichkeiten und Entscheidungsmöglichkeiten über lokale oder thematische Budgets, die Förderung bürgerschaftlicher Selbsthilfeorganisationen, die Entwicklung gemeinnütziger Servicemodelle und schließlich die Förderung von Flexibilität und Innovation in öffentlichen Wertschöpfungsprozessen.

Zweitens die Belebung der kommunalen Demokratie durch die Organisation von On- und Offlinediskursen Die Diskurse sollen dazu dienen, das Potential des weiterentwickelten Bürgerhaushaltsverfahrens als Ort des Lernens, der Politisierung und der Solidarisierung zu entfalten. Es sollen sowohl thematisch eng fokussierte, zielgruppenspezifische Diskurse, z.B. für junge Eltern über das benötigte Angebot in Kindertagesstätten, für die Bewohner in einem Viertel über die Gestaltung und Nutzung des Straßenraums, als auch strategische Diskurse für breite Zielgruppen, z.B. wie wir zukünftig in unserer Stadt leben wollen, organisiert werden.

Drittens die Gründung eines Projektinkubators oder Reallabors. Anknüpfend an bestehende Projekte und aufbauend auf die Ergebnisse der Diskurse sollen idealtypische Modelle offener, öffentlicher Wertschöpfungsketten entwickelt und erprobt werden.

Wie könnte so eine Operationalisierung konkret aussehen?

Beispiel Kulturparlament

Nach dem Vorbild der bereits weit verbreiteten Spendenparlamente wird ein Kulturparlament eingerichtet. Die aktiven Mitglieder bezahlen einen Jahresbeitrag, werben Spenden und Sponsorengelder sowie vielleicht auch Vermächtnisse ein und verteilen die vorhandenen Mittel in regelmäßigen Abständen an die Antragsteller aus der Kulturszene. Dieses Verfahren dient gleichzeitig dem Kulturmarketing. Es weckt bürgerschaftliches Engagement, stärkt die Identifikation mit der Kulturszene, gibt kulturellen Einrichtungen eine Plattform, sich in einer freundlich gesonnenen Umgebung öffentlichkeitswirksam zu präsentieren und ermöglicht darüber hinaus bestehenden Fördervereinen kultureller Einrichtungen eine synergetische Zusammenarbeit bei Bewahrung der eigenen Identität.

Beispiel Gesundheitswirtschaft

Alter und Armut bringen beträchtliche Gesundheitsrisiken mit sich. Eine Stadt mit vielen Armen und zunehmend alten Bürgern, die auf öffentliche Unterstützung angewiesen sind, trägt demnach eine große finanzielle Bürde. Die Herausforderung ist es also, Gesundheitsprävention als Ressource des Gemeinwohls zu entwickeln. Die Akteure sind alle vorhanden, es geht darum, deren Leistungen und Bedürfnisse neu zu verknüpfen, z.B. Krankenkassen, Übergewichtige und nicht ausgelastete Bäder. Hier gilt es, die Spielräume, die die Präventionsbudgets der Krankenkassen bieten, kreativ für kommunales Gesundheitsmanagement zu nutzen.

Beispiel Zeitbank

Die Einrichtung einer Zeitbank kann gesellschaftliche Austauschprozesse ermöglichen, für die es kein Geld gibt. Zeitbanken ermöglichen es Menschen, ihre Zeit und ihre Begabungen zu tauschen. An diesem Austausch können natürlich auch öffentliche Einrichtungen oder private Unternehmen teilnehmen. Ein Zeitbanksystem hält ein Gemeinwesen zusammen und Menschen gesellschaftlich integriert, auch wenn nicht mehr ausreichend Geld da ist, um die Bedürfnisse zu befriedigen. Ein Zeitbanksystem macht freiwilliges Engagement wertvoll. Die Japaner machen bereits sehr gute Erfahrungen mit dem „Hureai Kippu" („Pflege-Beziehungs-Ticket"). Bei diesem System werden die Stunden, die ein Freiwilliger bei der Pflege oder Unterstützung alter oder behinderter Menschen verbringt, auf einem Sparkonto geführt. Der einzige Unterschied besteht darin, dass die Rechnungseinheit nicht Yen sind, sondern Stunden. Das Guthaben in der Pflegewährung können Freiwillige für sich selbst oder für jemanden innerhalb und außerhalb der Familie verwenden.

Die zentrale Idee des Bürgerhaushalts in Bürgerhand ist die, den Bürgern vermehrt Angebote zu machen, an der Wertschöpfungskette öffentlicher Dienstleistungen mitzuwirken. Basierend auf den Erkenntnissen der Nobelpreisträgerin Elinor Ostrom sollen kooperativ Problemlösungen entwickelt werden, die sich an den Bedürfnissen des Gemeinwesens orientieren und die die Stadt attraktiv und funktionsfähig halten, auch wenn die öffentliche Hand aufgrund der hohen Verschuldung ihre Leistungen zunehmend einschränken muss. In einem offenen, dezentralen Innovationsprozess, der Politik, Verwaltung und Bürger einbezieht, werden alle Beteiligten zu aktiven Gliedern der Wertschöpfungskette. „Es gibt jenseits von Staat und Markt die institutionelle Vielfalt. Dort liegt die Lösung", so Ostrom.[7]

Es geht also darum, die Nutzer öffentlicher Güter und Dienstleistungen aktiv in den nötigen Reorganisationsprozess einzubeziehen. Zugleich sollen dadurch die Potentiale und Ressourcen der Zivilgesellschaft für das Gemeinwesen mobilisiert und – wo sinnvoll und möglich – für eine optimierte Wertschöpfung mit den Ressourcen der Kommune gebündelt werden. Neben der Eröffnung neuer Handlungsspielräume führt dieser Innovationsprozess zu beschleunigten Anpassungsprozessen, einer Fokussierung auf Effektivität (das Richtige tun) und mehr Effizienz des Verwaltungshandelns.

Auch wenn die Not groß, die Bereitschaft zum Engagement vorhanden und die historischen Vorbilder ermutigend waren, zeigte es sich jedoch schnell, dass man für so ein grundsätzlich neues Organisationsmodell, das auf Offenheit, Transparenz, Dezentralisierung, Kooperation und Partizipation setzt, einen langen Atem braucht. Wie begeistert man die relevanten Akteure fürs Mitmachen? Was sind die Erfolgsfaktoren bereits erfolgreicher Initiativen? Wie kann man bewährte Lösungsmodelle auf neue Herausforderungen übertragen? Wie kann man die Digitalisierung nahezu aller gesellschaftlichen Bereiche für die kommunalen Prozesse nutzbar machen? Wie kann man von anderen Kommunen in NRW, in Deutschland und im Ausland lernen?

Die naheliegende Lösung: Man trifft sich und tauscht sich persönlich aus. Daraus entstand die Idee zur Tagung Offene Kommunen.NRW im Barcamp-Format. Die Teilnehmer aus ganz Nordrhein-Westfalen treffen sich alljährlich im November in Wuppertal und bringen ihre Programmbeiträge rund um Engagement, Kooperation, Transparenz und Beteiligung – mit und ohne IT-Unterstützung selbst mit. Denn im Mittelpunkt der Zusammenkünfte steht die Offenheit als Organisations- und Gestaltungsprinzip zukunftsfähiger Kom-

---

[7] Interview *Elinor Ostrom* http://www.seegrund.ch/assets/interview-ostrom.pdf.

munen. Das Themenspektrum ist so vielfältig wie die Teilnehmer: Offener Haushalt, Open Source-Software zur Partizipation, Open Government grenzüberschreitend, Open Data und politische Prozesse, Vertrauen schaffen zwischen Verwaltung und Bürgern. „Wie viel Offenheit wollen die Bürger?" und vieles mehr steht dann auf der Agenda.

Die kommunale Ebene ist die für Open Government spannendste und potenziell produktivste Ebene. Hier trifft Politik auf die Lebenswirklichkeit der Bürger, hier erbringt die Verwaltung eine große Zahl von Leistungen, die das Leben der Bürger tagtäglich beeinflussen und hier bringen sich die Bürger ehrenamtlich mit Know-how, Zeit, Leidenschaft, Kreativität und oftmals auch mit Kapital in die Gestaltung ihres Gemeinwesens ein. Genau hier können Transparenz, Beteiligung, Kooperation, Koproduktion und Kommunikation, also die Grundbausteine von Open Government, besonders fruchtbar zur Entfaltung gebracht werden. Nicht mehr Technokratie, sondern die Erneuerung der kommunalen Demokratie sollte im Zentrum jeglicher Open Government-Initiativen stehen. Darin ist sich die Offene Kommunen.NRW-Community einig. Sie fordert offene gesellschaftliche Innovation, die Öffnung der Prozesse der politischen Entscheidungsfindung und der Leistungserbringung der öffentlichen Hand.

Bei der Tagung im Jahre 2013 wurde eine Wunschliste an die Landesregierung zusammengetragen: Was sollte Nordrhein-Westfalen für Open Government in den Kommunen tun?[8] Ein Transparenzgesetz, das Kommunen verpflichtet, kommunale Informationsfreiheitssatzungen nach bestimmten Rahmenvorgaben zu erarbeiten, stand ganz oben auf der Wunschliste. Damit wurde ein Impuls zur Entwicklung der „Satzungsempfehlung für Transparenz und Informationsfreiheit in den Kommunen in NRW"[9] durch den Bund der Steuerzahler, Mehr Demokratie e.V., Transparency International und NABU

---

[8] *Hofmann, Dieter*, Was sollte NRW für Open Government in Kommunen tun? Blogbeitrag http://oknrw.de/2014/09/wunschliste-was-sollte-nrw-fuer-open-government-in-den-kommunen-tun
[9] Satzungsempfehlung für Transparenz und Informationsfreiheit in den Kommunen in NRW (Transparenzsatzung), Stand: Juli 2015 http://www.nrw-blickt-durch.de/fa/pdf/transparenz_→ satzung_nrw.pdf.

NRW gegeben. Während die Bürger die Einsichtnahme in Akten bisher meist erst beantragen und dafür teilweise sogar Gebühren zahlen müssen, sollen in Zukunft alle wichtigen Informationen zum kostenlosen Abruf im Internet publiziert werden. Diese Satzungsempfehlung soll dazu anregen, auf kommunaler Ebene die Grundlage für transparentes Handeln zu schaffen und die Informationslast umzukehren. Im Ergebnis soll mehr Transparenz geschaffen und damit das Vertrauen in das Handeln von Politik und Verwaltung gefördert und gleichzeitig das Kostenbewusstsein der Kommunen erhöht werden. Die Gemeinden verpflichten sich, von sich aus Verträge zur Daseinsvorsorge, Gutachten, Statistiken, Verwaltungsvorschriften, öffentliche Pläne, Geodaten und weitere Informationen zu veröffentlichen. Dies soll in einem für jedermann einsehbaren zentralen und kostenlosen Informationsregister geschehen.

Hoch angesiedelt wurde auch die Forderung nach einem NRW-Kompetenzzentrum Open Government als Dienstleiter für Kommunen. Praktisch keine Kommune kann Open Government und Open Data alleine umsetzen, alle sind auf Austausch und Kooperation angewiesen. Was läge also näher, als den Kommunen, die sich hier engagieren wollen, Hilfestellung anzubieten? Das könnten z.B. die Aufbereitung von Best Practices, der Betrieb eines Datenportals, Trainingsangebote, Netzwerktreffen, ein Open Government-Wiki und vieles mehr sein. Erfreulicherweise fand dieser Wunsch seinen Niederschlag im Entwurf zum Eckpunktepapier der Open Government NRW-Pakts. Dort heißt es, vor allem die Aktivierung von lokalen Open Government-Pionieren und die Vernetzung mit erfahrenen Open Government-Akteuren solle vereinfacht werden, um so die offene Weitergabe von Konzepten, Erfahrungswerten und Lösungen zu ermöglichen. Open Government-Ideen sollen durch gemeinsame Öffentlichkeitsarbeit und gemeinsame Veranstaltungen transportiert werden. Eine schlanke Organisation zur Verstetigung der Zusammenarbeit sowie gemeinsame Schwerpunktsetzungen und rechtliche Empfehlungen sollen die Umsetzung des Open Government in Nordrhein-Westfalen weiter befördern. Bezogen auf die drei Open Government Säulen Zusammenarbeit, Transparenz und Beteiligung bedeute dies konkret: Nordrhein-Westfalen solle von einem lebendigen Open

Government-Expertennetzwerk profitieren, in dem Erfahrung, Konzepte und Lösungen geteilt und innovative Ideen entwickelt werden können. In Nordrhein-Westfalen solle ein Querschnitt an offenen Verwaltungsdaten verfügbar sein, der nach und nach erweitert wird und sich an den Bedarfen der Öffentlichkeit orientiert. In Nordrhein-Westfalen sollen Angebote vorgehalten werden, die die Umsetzung von Beteiligungsverfahren unterstützen und der Öffentlichkeit die Teilnahme erleichtern.[10]

Durch das Internet entstehen ständig neue Möglichkeiten, sich zu informieren, zu vernetzen und auszutauschen. Diese Möglichkeiten werden tagtäglich ganz selbstverständlich in der Wirtschaft und im privaten Bereich genutzt. Warum nicht auch in Politik und Verwaltung? Mehr und mehr Menschen leben in Städten. Dort müssen für die globalen Probleme jeweils passgenaue Lösungen entwickelt werden. Dass man dabei ohne Informationstechnik nicht mehr auskommt, liegt auf der Hand. Politik 2.0 bedeutet eine zeitgemäße Weiterentwicklung hin zu offenem Regierungshandeln, also die pragmatische Umsetzung einer Open Government-Strategie. Diese Strategie der Offenheit stärkt die Demokratie und macht unsere Gesellschaft zukunftsfähig.

Auf Basis dieser Einschätzung entstand bei der Tagung Offene Kommunen.NRW 2015 die Idee, ein Manifest für Offenes Regierungshandeln zu formulieren: das Open Government Manifest NRW.[11] Adressaten sind sowohl die Öffentlichkeit insgesamt als auch insbesondere die Regierenden im Land und in den Kommunen in Nordrhein-Westfalen. Das Manifest soll zur Diskussion anregen, kann als Grundlage für kommunale Richtlinien verankert werden und soll die Weiterentwicklung einer offenen Politik im Land anstoßen.

Den Initiatoren geht es um eine zukunftsfähige Gesellschaft, die ihre Kraft und Innovationsfähigkeit aus einem Geist der Offenheit und Selbstverantwor-

---

[10] Eckpunktepapier zum Open Government Pakt NRW, Stand: 22.10.2015 https://open.nrw/profiles/nrw_ressort/themes/custom/nrw_base/opendatafiles/20151019%20Ent wurf%20des%20Open%20Government%20Pakts.pdf.
[11] Open Government Manifest NRW, Februar 2016 http://opengovernmentmanifest.nrw.

tung schöpft. Diese Gesellschaft lade zum Mitmachen ein; sie setze auf Kooperation und gesellschaftlichen Ausgleich – basierend auf vier Prinzipien:

1. **Akteure des Wandels**

   Akteure des Wandels finden sich in allen Bereichen des demokratischen Zusammenlebens. Sie nutzen die Möglichkeiten der digitalen Gesellschaft und helfen mit, das offene NRW der Zukunft zu entwickeln.

2. **Kultur der Offenheit**

   Eine Kultur der Offenheit schafft Partizipations- und Kollaborationsmöglichkeiten sowohl digital als auch physisch. Offenes Verwaltungshandeln bildet die Grundlage für bürgerschaftliches Engagement, wirtschaftliche Entwicklung und wissenschaftliche Innovation. Es fördert starke demokratische Prozesse, die offen sind für neue Ideen, Arbeitsweisen, Aspekte und Experten.

3. **Digitale Infrastruktur**

   Eine offene digitale Infrastruktur bildet die Voraussetzung, um unsere Demokratie zu stärken und die Akteure des Wandels auf Augenhöhe zusammenzubringen. Sie ermöglicht die kooperative Kontrolle von Prozessen und die Weiterentwicklung von technischen Systemen.

4. **Frei gestaltbare Lebensräume**

   Öffentliche Räume sind Lebensräume – sowohl urban als auch ländlich. Sie bilden die Grundlage von Begegnung und Kommunikation. Es gilt sie sowohl digital als auch physisch zu schützen, zu stärken und kontinuierlich weiter zu entwickeln.

Sebastian Schwiering

Datenschutzrechtliche Grenzen verwaltungsseitiger Transparenz

Im Rahmen ihrer staatlichen Funktion erheben, verarbeiten und nutzen Politik und Verwaltung stetig zunehmende Datenmengen. Exemplarisch seien hier etwa Daten zur demographischen Entwicklung, Geodaten oder Daten in den Bereichen Bildung, Umwelt, Städteplanung, Kultur, Wissenschaft oder Forschung genannt.

Politik und Verwaltung stehen nun vor der Herausforderung, diese Fülle an Daten den Bürgern frei und transparent zur Verfügung zu stellen und somit einen Mehrwert zu schaffen, von dem sämtliche Beteiligten profitieren können. Zugleich ist es unabdingbar, dass bei einem solchen Open Data-Ansatz das im Grundgesetz verankerte informationelle Selbstbestimmungsrecht der Bürger berücksichtigt wird.

Verfassungsrechtliche Herleitung des Datenschutzrechts, Schutzziel und Zweck

Ausgangspunkt der datenschutzrechtlichen Diskussion ist das Grundrecht auf informationelle Selbstbestimmung, welches das Bundesverfassungsgericht im Volkszählungsurteil aus Art. 2 Abs. 1 GG i.V.m. Art. 1 Abs. 1 GG hergeleitet und begründet hat (Bundesverfassungsgericht, Urteil vom 15. Dezember 1983 = BVerfGE 65, 1).

Im Frühjahr 1983 sollte nach dem Willen der Bundesregierung auf Grundlage des Volkszählungsgesetzes eine Volkszählung in Form einer sog. umfassenden Totalerhebung erfolgen. Geplant war eine Erfassung durch Beamte oder Beauftragte der öffentlichen Verwaltung von Tür zu Tür, ein bloßer Registerabgleich durch die Behörden wurde als zu fehleranfällig angesehen. Neben der vollständigen Kopfzählung war auch die Erhebung zahlreicher weiterer Angaben beabsichtigt, die insbesondere in ihrer Gesamtheit Rückschlüsse auf die Identität des Befragten zugelassen hätten. Gegen dieses Bundesgesetz wurden mehrere Verfassungsbeschwerden erhoben, die im Ergebnis dazu führten, dass das Gesetz teilweise für verfassungswidrig erklärt wurde. Das Bundesverfassungsgericht entschied im Volkszählungsurteil, dass die freie Entfaltung der Persönlichkeit unter den modernen Bedingungen der Datenverarbeitung den Schutz des Einzelnen gegen unbegrenzte Erhebung, Speicherung, Verwendung und Weitergabe seiner persönlichen Daten voraussetzt. Das in Art. 2 GG verankert allgemeine Persönlichkeitsrecht gewährleistet insoweit die Befugnis des Einzelnen, grundsätzlich selbst über die Preisgabe und Verwendung seiner personenbezogenen Daten zu bestimmen (sog. informationelles Selbstbestimmungsrecht).

Äußerst interessant und bemerkenswert ist die Weitsicht, mit der das Bundesverfassungsgericht schon im Jahre 1983 vor der Gefährdung der freiheitlichen Grundordnung durch vom Betroffenen unbeherrschte Datensammlungen unter den Bedingungen moderner Informationstechnik warnte. Wohlgemerkt, Big Data, Cloud-Dienste, Smartphones, W-LAN oder skalierbares Outsourcing waren damals noch in weiter Ferne.

Insbesondere mit den nachfolgenden Ausführungen im Urteil ebnete das BVerfG den Weg für zukünftige datenschutzrechtliche Regelungen:

„Im Mittelpunkt der grundgesetzlichen Ordnung stehen Wert und Würde der Person, die in freier Selbstbestimmung als Glied einer freien Gesellschaft wirkt. Ihrem Schutz dient insbesondere das in Art 2 Abs. 1 in Verbindung mit Art 1 Abs. 1 GG gewährleistete allgemeine Persönlichkeitsrecht, das gerade auch im Blick auf moderne

Entwicklungen und die mit ihnen verbundenen neuen Gefährdungen der menschlichen Persönlichkeit Bedeutung gewinnt. Es umfasst die aus dem Gedanken der Selbstbestimmung folgende Befugnis des Einzelnen, grundsätzlich selbst zu entscheiden, wann und innerhalb welcher Grenzen persönliche Lebenssachverhalte offenbart werden.

Diese Befugnis bedarf unter den heutigen und künftigen Bedingungen der automatischen Datenverarbeitung in besonderem Maße des Schutzes. Sie ist vor allem deshalb gefährdet, weil bei Entscheidungsprozessen nicht mehr wie früher auf manuell zusammengetragene Karteien und Akten zurückgegriffen werden muss, vielmehr heute mit Hilfe der automatischen Datenverarbeitung Einzelangaben über persönliche oder sachliche Verhältnisse einer bestimmten oder bestimmbaren Person technisch gesehen unbegrenzt speicherbar und jederzeit ohne Rücksicht auf Entfernungen in Sekundenschnelle abrufbar sind. Sie können darüber hinaus - vor allem beim Aufbau integrierter Informationssysteme - mit anderen Datensammlungen zu einem teilweise oder weitgehend vollständigen Persönlichkeitsbild zusammengefügt werden, ohne dass der Betroffene dessen Richtigkeit und Verwendung zureichend kontrollieren kann. Damit haben sich in einer bisher unbekannten Weise die Möglichkeiten einer Einsichtnahme und Einflussnahme erweitert, welche auf das Verhalten des Einzelnen schon durch den psychischen Druck öffentlicher Anteilnahme einzuwirken vermögen.

Individuelle Selbstbestimmung setzt aber - auch unter den Bedingungen moderner Informationsverarbeitungstechnologien - voraus, dass dem Einzelnen Entscheidungsfreiheit über vorzunehmende oder zu unterlassende Handlungen einschließlich der Möglichkeit gegeben ist, sich auch entsprechend dieser Entscheidung tatsächlich zu verhalten. Wer nicht mit hinreichender Sicherheit überschauen kann, welche ihn betreffende Informationen in bestimmten Bereichen seiner sozialen Umwelt bekannt sind, und wer das Wissen möglicher Kommunikationspartner nicht einigermaßen abzuschätzen vermag, kann in seiner Freiheit wesentlich gehemmt werden, aus eigener Selbstbestimmung zu planen oder zu entscheiden. Mit dem Recht auf informationelle Selbstbestimmung wären eine Gesellschaftsordnung und eine diese ermöglichende Rechtsordnung nicht vereinbar, in der Bürger nicht mehr wissen können, wer was wann und bei welcher Gelegenheit über sie weiß. Wer unsicher ist, ob abweichende Verhaltensweisen jederzeit notiert und als Information dauerhaft gespeichert, verwendet oder weitergegeben werden, wird versuchen, nicht durch solche Verhaltensweisen aufzufallen. Wer damit rechnet, dass etwa die Teilnahme an einer Versammlung oder einer Bürgerinitiative behördlich registriert wird und dass ihm dadurch Risiken entstehen können, wird möglicherweise auf eine Ausübung seiner entsprechenden Grundrechte (Art 8, 9 GG) verzichten. Dies würde nicht nur die individuellen Entfaltungschancen des Einzelnen beeinträchtigen, sondern auch das Gemeinwohl, weil Selbstbestimmung eine elementare Funktionsbedingung eines auf Handlungsfähigkeit und Mitwirkungsfähigkeit seiner Bürger begründeten freiheitlichen demokratischen Gemeinwesens ist. "

Auf Grundlage der Erwägungen des Volkszählungsurteils wurde 1990 das erste Bundesdatenschutzgesetz („BDSG") verabschiedet. Es bezweckt den Schutz des Einzelnen, der durch den Umgang mit seinen personenbezogenen Daten in seinem Persönlichkeitsrecht beeinträchtigt wird. Personenbezogene Daten definiert das Gesetz als Einzelangaben über persönliche oder sachliche Verhältnisse einer bestimmten oder bestimmbaren natürlichen Person. Des Weiteren konkretisiert das Gesetz in § 4 BDSG den Grundsatz der informationellen Selbstbestimmung des Einzelnen und besagt, dass grundsätzlich alle Datenverarbeitungsvorgänge unzulässig sind, es sei denn der Betroffene hat eingewilligt oder ein rechtfertigender gesetzlicher Erlaubnistatbestand ist erfüllt (sog. Verbot mit Erlaubnisvorbehalt). Als Schulbeispiel für einen solchen gesetzlichen Erlaubnistatbestand sei der Erlaubnistatbestand zur Vertragsdurchführung genannt, § 28 Abs. 1 Nr. 1 BDSG. Demnach dürfen personenbezogen Daten für die Erfüllung eigener Geschäftszwecke verarbeitet werden, wenn die Verarbeitung für die Begründung, Durchführung oder Beendigung eines Vertrags mit dem Betroffenen erforderlich ist. Bestellt ein Kunde bspw. in einem Onlineshop ein Produkt zur Lieferung an seine Wohnanschrift, ist der Verkäufer berechtigt dem Postdienstleister die Wohnanschrift des Kunden mitzuteilen, um seine Pflichten aus dem Kaufvertrag zu erfüllen und dem Kunden das Produkt zu liefern. Eine Einwilligung des Kunden bedarf es in diesem Fall nicht.

Schutzgegenstand sämtlicher datenschutzrechtlicher Regelungen sind damit personenbezogene Daten, die wegen des Verbots mit Erlaubnisvorbehalt nur restriktiv verarbeitet werden dürfen. Die Personenbeziehbarkeit von Daten bildet damit auch die Grenze für Open Data Projekte, da in der Regel weder die Einwilligung des Betroffenen noch ein gesetzlicher Erlaubnistatbestand vorliegen wird.

Der Datensatz „Peter Müller, männlich, Alter: 23, Stadtteil: Aachen-Burtscheid" ist personenbezogen, damit vom Datenschutzrecht geschützt und nicht für Open Data Projekte geeignet. Entfernt man das „Peter Müller" hingegen unwiderruflich aus dem Datensatz (sog. Anonymisierung), bestände kein Personenbezug mehr, sodass die Informationen (Alter, Stadtteil) im Rahmen von Open Data, bspw. bei einer Statistik zur Demographie des Aachener Stadtviertels Burtscheid, verwendet werden könnten.

Abschließend sei angemerkt, dass auch die im Jahre 2018 in Kraft tretende EU-Datenschutzgrundverordnung, die unmittelbare Wirkung in sämtlichen EU-Mitgliedsstaaten entfalten wird und den Großteil der bisherigen nationalen gesetzlichen Regelungen zum Datenschutzrecht, bspw. des Bundesdatenschutzgesetzes, verdrängen wird, auf den Begriff der personenbezogenen Daten und das Prinzip des Verbots mit Erlaubnisvorbehalt abstellt.

Die Bedeutung von Open Data und Transparenz als Instrument in Politik und Verwaltung

Aufgrund der fortschreitenden Technifizierung gewinnt die Transparenz der öffentlichen Verwaltung und der dieser zur Verfügung stehenden Datenmengen zu politischen, kulturellen, sozialen und wissenschaftlichen Themen zunehmend an Bedeutung für die Gesellschaft.

Die Verpflichtung zu Transparenz staatlichen Handelns und zur Veröffentlichung staatlicher Daten sowie der Gestattung ihrer Weiterverwendung durch die Verwaltung kann als Wahrnehmung der kommunalen Daseinsvorsorge verstanden werden. Die kommunale Daseinsvorsorge verpflichtet die Gemeinden, wirtschaftliche, soziale und kulturelle Dienstleistungen für alle Bürger bereitzustellen und leitet sich aus dem Sozialstaatsprinzip des Art. 20 Abs. 1 GG ab. Ein Anspruch auf subjektive Transparenzansprüche gegen öffentliche Einrichtungen ist in dieser verfassungsrechtlichen Grundlage zwar nicht unmittelbar zu erkennen, jedoch gehören Transparenz und Offenheit zu den fundamentalen Prinzipen der demokratischen Legitimation. Gesetzgebung und Verwaltung sind gleichermaßen angehalten, allen Bürgern einen gleichberechtigten Zugang zum gesammelten Wissen der Verwaltung zu gewähren.

Gegenstand des Open Data Ansatzes ist damit auch die Steigerung von Transparenz, indem den Bürgern so viele Daten und Informationen wie möglich, jedoch unter Berücksichtigung und Schutz des informationellen Selbstbestimmungsrechts des einzelnen Bürgers, frei zur Verfügung gestellt werden.

Transparenz kann in diesem Kontext auch als eine Art Mechanismus verstanden werden, der es den Bürger ermöglicht, neue Informationsmöglichkeiten über das staatliche Handeln zu erhalten und Politik und Verwaltung in der Ausübung ihrer staatlichen Funktionen zu kontrollieren. Im Ergebnis können sich die Anwendungsbeispiele auf alle Bereiche des öffentlichen Lebens erstrecken und bieten Bürgern erhebliche Vorteile in der modernen Ausübung ihrer demokratischen Rechte und Pflichten.

Begriffsbestimmung und Prinzipien von Open Data

Nach den dargestellten Überlegungen zum Datenschutzrecht und der Einordnung als Teil der kommunalen Daseinsvorsorge, lässt sich der Open Data-

Ansatz als „Bürgerrecht auf Datenzugang" zu nicht-personenbezogenen Daten der öffentlichen Verwaltung verstehen.

Konzeptionell versteht man unter „Open Data" dabei die Ermöglichung der Verwendung von maschinenlesbaren und entsprechend strukturierten Informationen durch das Zuordnen von offenen Nutzungsrechten. Die Verbreitung der Informationen wird jedermann dadurch ebenso gestattet wie die freie Verwendung und Nachnutzung der Informationen. Der offene Datenschatz darf jedoch keine personenbezogenen Daten oder sonstige rechtlich, etwa durch Vertrag, geschützte Daten beinhalten.

Um elektronisch gespeicherte Daten der öffentlichen Einrichtungen in einer Weise bereitzustellen, die sowohl die Verfügbarkeit und als auch eine umfassende Nutzungsmöglichkeit gewährleistet, haben sich Open Data-Aktivisten und die Sunlight Foundation, ein US-Unternehmen, das sich der Umsetzung von Open Data gewidmet hat, auf zehn Prinzipen verständigt, die rechtlich, wirtschaftlich und ethisch als Leitlinien dienen können:[1]

1. **Vollständigkeit**

   Die Daten zu bestimmten Themen sind so vollständig wie möglich zu veröffentlichen. Die Metadaten, die diese Verwaltungsdaten beschreiben, werden zusammen mit Formeln und Erklärungen zur Berechnung der Daten ebenso mitgeliefert.

2. **Primärquelle**

   Die Daten werden mit dem höchstmöglichen Feinheitsgrad gesammelt und veröffentlicht und nicht in aggregierten oder modifizierten Formaten.

3. **Aktualität**

   Die Daten sollen veröffentlicht werden, sobald sie erhoben und zusammengestellt wurden.

---

[1] http://sunlightfoundation.com/policy/documents/ten-open-data-principles/; http://open. →
semantic-web.at/display/OGDW/6.2+Die+zehn+Prinzipien+offener+Regierungsinformationen.

4. Zugänglichkeit

Die Informationen sollen ohne physische und technische Hürden barrierefrei zugänglich sein. Programmierschnittstellen (APIs), die das Herunterladen sämtliche Daten auf einmal ermöglichen, sowie eine einfache Suche und eine leichte Auffindbarkeit der Daten unterstützen die Zugänglichkeit.

5. Maschinenlesbarkeit

Es sollen Datenformate verwendet werden, die von einem Rechner weiterverarbeitet werden können. Während z. B. eine PDF-Datei für die Nutzer gut lesbar ist, bleibt sie für eine automatische Weiterverwendung schwer zugänglich. Als maschinenlesbar gelten u. a. die folgenden Formate: .txt, .csv, .json, .xml, .rss.

6. Diskriminierungsfreiheit

Nach diesem Prinzip soll jede Person zu jedem Zeitpunkt Zugriff auf die Daten haben, ohne sich dabei identifizieren oder eine Rechtfertigung für ihr Handeln abgeben zu müssen.

7. Standardoffenheit

Die gespeicherten Daten müssen so zugänglich und lesbar sein, dass keine Notwendigkeit zur Anschaffung einer bestimmten Software und damit verbundener Lizenzkosten besteht.

8. Lizenzierung

Maximale Offenheit beinhaltet, öffentliche Informationen eindeutig als Werk der Regierung auszuweisen und für die Allgemeinheit ohne Restriktionen oder Auferlegung von Nutzungsbedingungen, die sich als Barrieren auswirken können, zugänglich zu machen.

9. Dauerhaftigkeit

Die einmal online gestellten Informationen sollen mit einer angemessenen Dokumentation der Versionen online bleiben und über lange Zeit hinweg zu finden sein.

10. Nutzungskosten

Selbst die Auferlegung von symbolischen Nutzungsgebühren stellt ein Hindernis dar. Die Erhebung von Gebühren kann die Nutzung von Daten ausschließen, so dass weder Wirtschaftswachstum, Steuereinnahmen oder ein sozialer Mehrwert generiert wird.

Gesetzliche Rahmenbedingungen

Neben den schon dargestellten Implikationen des Datenschutzrechts bestehen weitere, allgemeine gesetzliche Rahmenbedingungen (z.B. Urheberrechte) wie auch spezialgesetzliche Regelungen, die das Thema Open Data unmittelbar betreffen (z.B. E-Government-Gesetz, Informationsverwendungsgesetz, Informationsfreiheitsgesetze oder Transparenzgesetze).

Urheberrechtlich ist zunächst festzuhalten, dass Gesetze, Verordnungen, amtliche Erlasse und Bekanntmachungen sowie Entscheidungen und amtlich verfasste Leitsätze zu Entscheidungen gem. § 5 UrhG als sog. gemeinfreie Werke keinem urheberrechtlichen Schutz unterliegen. Für andere staatliche Werke, welche die Anforderungen des Urheberrechts erfüllen, kann der Staat die Verwendung gestatten, indem urheberrechtliche Nutzungsrechte eingeräumt werden. Ist der Anwendungsbereich des Urheberrechtsgesetzes nicht eröffnet, weil kein schutzfähiges Werk i.S.d. § 2 Abs. 2 UrhG vorliegt, bleibt dem Staat nur die Möglichkeit, die Verwendung durch vertragliche oder öffentlich-rechtliche Nutzungsbestimmungen zu regeln.

Die politischen Bestrebungen, eine digitalisierte Verwaltung zu verwirklichen, haben zuvorderst das E-Government-Gesetz (EGovG) hervorgebracht, das nachfolgend in den Ländern umgesetzt werden muss. Bereits seit der Jahrtausendwende wurde die Umsetzung dieses Vorhabens, insbesondere nach dem Beschluss der „Nationalen E-Government-Strategie" (NEGS) der Bundesregierung im Jahre 2010, als eine „zentrale Regierungsaufgabe" wahrgenommen. E-Government wird in diesem Zusammenhang als eine Gesamtbezeichnung für die Konzepte E-Administration, E-Democracy und E-Government im engeren Sinne verstanden, die einerseits eine kostensenkende Effizienzsteigerung und andererseits durch das Nutzen der technischen Möglichkeiten neue Wege für die Teilhabe und Teilnahme der Bürger an politischen Prozessen und Transparenz der Verwaltung und Politik ermöglichen.

Im Kernbereich führt das E-Government-Gesetz u.a. die Verpflichtung der Verwaltung zur Eröffnung eines elektronischen Kanals und die Verpflichtung der Bundesverwaltung zur Eröffnung eines De-Mail-Zugangs ein. Zusätzlich sollen Grundsätze der elektronischen Aktenführung durch das sog. ersetzende Scannen von Dokumenten verwirklicht werden und Regelungen umgesetzt werden, die eine Bereitstellung von maschinenlesbaren Datenbeständen durch die Verwaltung vorsieht.

Abzugrenzen sind die hierdurch zugänglich gemachten Open Data-Angebote von den Daten, die dem Anwendungsbereich des Informationsfreiheitsgesetzes zufallen. Diese können nämlich nicht nur digital, sondern auch analog vorhanden sein, werden nur auf Anfrage herausgegeben und gestatten regelmäßig nicht eine Weiterverwendung. Inhaltlich sind die rechtlichen Grenzen der Befugnis zur Veröffentlichung staatlicher Daten in genau diesen Bundes- bzw. den jeweiligen Landesinformationsfreiheitsgesetzen zu finden. Als besonders relevant gelten beispielsweise der Schutz besonderer öffentlicher Belange und behördlicher Entscheidungsprozesse, der Schutz des geistigen Eigentums und der Schutz von Betriebs- und Geschäftsgeheimnissen.

Neben der Diskussion über Transparenz und der sich daraus ergebenden Informationsfreiheitsrechte wird zudem das wirtschaftliche Potenzial von Open Data als Argument für die schnelle Umsetzung des Open Data Ansatzes genannt.

Schwerpunktmäßig setzt sich das Argument mit der Möglichkeit auseinander, die stetig zunehmenden Datenmengen analytisch miteinander zu verknüpfen um daraus ökonomische, soziale oder wissenschaftliche Erkenntnisse zu gewinnen (sog. Big Data-Analysen). Daten werden im digitalen Zeitalter also zu einer Art Rohstoff, der mit Hilfe und aufgrund der rasanten technischen Entwicklung immer besser und effizienter genutzt werden kann. Dieser Ansatz spiegelt sich auch in der Gesetzgebung wieder, insbesondere in der Richtlinie über die Weiterverwendung von Informationen des öffentlichen Sektors (EU-Richtlinie 2003/98/EG).

Diese Richtlinie verpflichtet die EU-Mitgliedsstaaten zur Bereitstellung aller zugänglichen Informationen des öffentlichen Bereichs für die Weiterverwendung durch die Öffentlichkeit. Gleichwohl ein allgemeiner Anspruch auf Zugang zu diesen Daten gem. der Richtlinie nicht gewährt werden soll, legt sie den Grundstein für eine effizientere Nutzung behördlicher Daten. Die Richtlinie bezweckt vordergründig die Erleichterung der Erstellung gemeinschaftsweiter Informationsprodukte, die Förderung der grenzüberschreitenden, einen Mehrwert schaffenden Nutzung von Verwaltungsdokumenten zur Entwicklung von Produkten durch Unternehmen und ein Beschränken der Wettbewerbsverzerrungen im europäischen Binnenmarkt. Zusammenfassend zielt die Richtlinie also eher auf die Förderung des wirtschaftlichen Potentials der behördlichen Informationen als auf den Zugang der Bürger zu ebendiesen Informationen ab.

Dementsprechend wurde die Richtlinie in Deutschland durch eine Neufassung des Informationsverwendungsgesetzes (IWG) umgesetzt, die seit dem 08.07.2015 in Kraft ist. Nach § 1 IWG gilt das Gesetz für die Weiterverwendung von bei öffentlichen Stellen vorhandenen Informationen, insbesondere zur Bereitstellung von Produkten und Dienstleistungen der digitalen Wirtschaft.

Im Vordergrund steht also die Entwicklung von neuen Dienstleistungen durch das analytische Nutzen der behördlichen Informationen um auf diesem Wege Wirtschaftswachstum und soziales Engagement zu fördern. Als Weiterverwendung im Sinne des Gesetzes wird jede Nutzung einer Information verstanden, die über die Erfüllung öffentlicher Aufgaben hinausgeht und in der Regel auf die Erzielung von Entgelt gerichtet ist. Ausnahmen vom Grundsatz der Weiterverwendung sind etwa für solche Informationen vorgesehen, für die nur ein nur ein eingeschränktes Zugangsrecht besteht oder die von Urheberrechten, verwandten Schutzrechten oder gewerblichen Schutzrechten Dritter erfasst werden. Zur Wahrung des Gleichbehandlungsgrundsatzes bestimmt das Gesetz ferner, dass für sämtliche Personen, die Weiterverwendung von öffentlichen Informationen für eigene Geschäftstätigkeiten die gleichen Entgelte und Bedingungen gelten müssen. Die Entgelte für die Weiterverwendung von Informationen sind auf die Kosten beschränkt, die durch die Reproduktion, Bereitstellung und Weiterverbreitung verursacht werden.

Bedauerlicherweise hat die Bundesregierung trotz eines Gestaltungsspielraums jedoch keine behördliche Pflicht zur Bereitstellung von behördlichen Daten vorgesehen, sondern lediglich die Weiterverwendung der behördlichen Daten geregelt, vgl. § 1 Abs. 2a IWG. Einen entsprechenden Anspruch begründet etwa das Informationsfreiheitsgesetz (IFG) oder das Umweltinformationsgesetz (UIG), der aber nicht sogleich zur Weiterverwendung berechtigt.

Fazit

Zusammenfassend lässt sich festhalten, dass einer Verarbeitung von Daten der öffentlichen Verwaltung im Rahmen des Open Data-Ansatzes grundsätzlich keine rechtlichen Bedenken entgegenstehen, sofern keine personenbezogenen oder sonst rechtlich geschützten Daten Gegenstand der Verarbeitung sind. Dabei hat der Gesetzgeber sowohl hinsichtlich des wirtschaftlichen als auch des demokratiefördernden Potentials öffentlicher Transparenz teilweise bereits Regelungen geschaffen. Schließlich kann eine Veröffentlichung von Daten der öffentlichen Verwaltung verfassungsrechtlich als Teil der Daseinsvorsage des Staats eingeordnet werden.

Benjamin Heese

Zur politischen Kommunikation großer Infrastruktureinrichtungen – Ein Bericht am Beispiel des Flughafens Köln/Bonn

Seit vielen Jahren begleitet mich das Thema Governance und Bürgerbeteiligung – sowohl politisch-akademisch wie auch beruflich durch meine mehrjährige Tätigkeit in der Luftverkehrswirtschaft. Im Discussion Paper „Mobilität neu denken – Impulse für eine neue Verkehrspolitik" hat der Arbeitskreis „Progressive Verkehrspolitik" des Progressiven Zentrums, den ich gemeinsam mit Richard Goebelt koordiniere, hierzu festgehalten: „Informationsqualität, Transparenz und Bürgerbeteiligung bei der Planung von Infrastrukturprojekten müssen verbessert werden müssen. Dazu sind neue Informationskanäle zwischen Bauherrn, Betroffenen und der Politik notwendig. Das Ziel von Bürgerbeteiligung darf allerdings nicht sein, die parlamentarische Demokratie schleichend auszuhöhlen."[1]

„Die Protestkultur in Deutschland hat sich verbürgerlicht und reicht in weite Teile der Gesellschaft hinein. Wenn Wohlstand als gegeben angesehen wird und der Rückhalt für große Infrastrukturprojekte in der Bevölkerung schwindet, bedarf es neuer Lösungen. Akzeptanz für Infrastrukturmaßnahmen kann heute nur noch erlangen, wer die Menschen früher und stärker beteiligt. Wirtschaft und Politik sind in der Pflicht, transparent und dialogorientiert über Chancen und Risiken zu informieren und Betroffene frühzeitig in die Planung einzubinden.

---

[1] http://www.progressives-zentrum.org/discussion-paper-mobilitaet-neu-denken.

Benötigt werden neue Wege des Informierens: Projektpläne müssen an die Bevölkerung herangetragen werden; Information muss zum Bürger kommen, nicht der Bürger zur Information. Auch bedarf es eines aktiven Werbens für notwendige Projekte. Projektträger müssen – unterstützt durch Verantwortliche aus Politik, Wirtschaft und Wissenschaft – Nutzen und Bedarf transparent kommunizieren. Beteiligung ist Voraussetzung für ein erfolgreiches Gelingen – sie bedarf aber auch klarer Regeln und Grenzen. Investitionen sind, insbesondere im Verkehrsbereich, langfristig angelegt und zahlen sich häufig erst nach Jahrzehnten aus. Daher brauchen alle Beteiligte – Unternehmen, Politik aber auch Bürger – ein Höchstmaß an Verbindlichkeit und Planungssicherheit.

Die letztendliche Entscheidung über Infrastrukturprojekte muss weiter von den demokratisch legitimierten Institutionen getroffen werden. Das Ziel von Bürgerbeteiligung darf daher nicht darin bestehen, die parlamentarische Demokratie schleichend auszuhöhlen. Ein Verständnis von Bürgerbeteiligung, bei dem planfestgestellte oder im Bau befindliche Bauvorhaben jederzeit durch ein Votum gestoppt werden können, würde die Rechtsstaatlichkeit konterkarieren. Bürgerbeteiligung darf somit die Rechtssicherheit von Planfeststellungsverfahren nicht verhindern. Vor allem darf sie nicht dazu führen, dass artikulationsstarke Bevölkerungsgruppen ihre Interessen zu Lasten von Menschen durchsetzen, die ihre Interessen weniger gut vertreten können. Frühzeitig und transparent implementiert, kann sie dann dazu beitragen, Planungsverfahren deutlich zu verkürzen.

In der gesellschaftlichen Debatte über Infrastrukturprojekte spielt auch die Sorge um zu hohe Kosten eine Rolle. Es müssen deshalb Wege gefunden werden, welche die Planungs- und Investitionssicherheit gewährleisten. Durch die Praxis der öffentlichen Hand, bei Ausschreibungen den preisgünstigsten Anbieter zu wählen, werden die Kosten oftmals nicht realitätsnah kalkuliert. Dies führt zu erheblichen Kostensteigerungen, längeren Bauzeiten und schwächt das Image und die Wettbewerbsfähigkeit Deutschlands. Notwendig ist deshalb eine Novellierung von Ausschreibungsverfahren, um die Glaubwürdigkeit der öffentlichen Hand wieder zu stärken."[2]

Belastung und Beteiligung – eine Herausforderung auch im Luftverkehr

Soviel zum theoretischen Grundgerüst, doch wie verhält sich diese Spannungslage im Luftverkehr? Der Luftverkehr sichert in Deutschland über 800.000 Arbeitsplätze. Er generiert ein Steueraufkommen von jährlich 14 Milliarden Euro. Die Hälfte aller privaten und geschäftlichen Reisen ins Ausland wird per Flugzeug unternommen. Flugzeuge befördern Waren im Wert von 200 Milliarden Euro von und nach Deutschland, gerade für das Rückgrat unserer Volkswirtschaft: den Maschinenbau, den Kraftfahrzeugbau und die chemische Industrie.[3]

Aber in den Köpfen, in der Wahrnehmung, wird Luftfahrt nur allzu oft reduziert auf Lärm und Abgase. Dabei muss deutlicher gemacht werden, dass Deutschland seine ökologischen Hausaufgaben erledigt. Seit 1990 hat die deutsche Luftfahrt ihren spezifischen Treibstoffverbrauch um mehr als 40 Prozent reduziert. Ein Flugzeug braucht heute nur noch 3,6 Liter Kerosin pro Passagier und 100 Kilometer.[4]

Im Bereich Luftverkehr ist eines der gesellschaftlichen Konfliktthemen der Fluglärm. War die Reise mit dem Flugzeug früher noch ein elitäres Luxusgut, ermöglichen es Low-Cost-Carrier heutzutage, europa- und weltweit günstig mit dem Flugzeug unterwegs sein können. Störgefühle bis hin zu einer Beeinträchtigung der Lebensqualität werden von der überflogenen Bevölkerung attestiert.[5] Eine sehr gute Übersicht über das Thema Fluglärm sowie mögliche Maßnahmen gibt das „Fluglärm-Portal" als eine Initiative der deutschen Luftverkehrswirtschaft.[6]

---

[2] http://www.progressives-zentrum.org/wp-content/uploads/2016/06/dp_01_2016_mobilitaet_→ neu_denken_v3-1.pdf.
[3] http://www.bdl.aero/de/veroffentlichungen/report-luftfahrt-und-wirtschaft-2013.
[4] http://www.bdl.aero/de/themen-positionen/umwelt.
[5] http://www.bdl.aero/download/2150/20160427_bdl_wiewirktverkehrslarm_f.pdf.
[6] http://www.fluglaerm-portal.de.

Wo jedoch liegt der Schwerpunkt der Diskussion in Köln/Bonn? Der Köln Bonn Airport ist der fünftgrößte Verkehrsflughafen Deutschlands. Vergangenes Jahr konnten wir 10,3 Millionen Fluggäste und 758.000 Tonnen Fracht abfertigen. Mehr als 13.500 Menschen sind direkt am Flughafen beschäftigt. In seiner Umgebung hängen noch mal ebenso viele Arbeitsplätze vom Flughafen ab.[7]

Der Köln Bonn Airport ist einer der wenigen deutschen Verkehrsflughäfen, denen kein Nachtflugverbot obliegt. Durch die Fokussierung auf Low-Cost- und Expressfrachtverkehre setzte der Flughafen frühzeitig auf zwei starke Wachstumssegmente des Luftverkehrs, der durch intensiven Wettbewerb geprägt ist. Die 24-Stunden-Betriebsgenehmigung, die gut ausgebaute Flughafeninfrastruktur mit drei Start- und Landebahnen, zusammen mit der geografischen Lage und der intermodalen Anbindung an wichtige europäische Magistralen wird dabei als großer Standortvorteil angesehen. Die Expressfracht ist auf den nächtlichen Betrieb des Köln/Bonner Flughafens angewiesen, auch der Passagierflug profitiert von der Nachtflugmöglichkeit.

Um diese beiden Geschäftsfelder nachhaltig weiterzuentwickeln, bedarf es vor allem des Festhaltens an den uneingeschränkten Betriebszeiten. Doch neben positiven wirtschaftlichen und fiskalischen Effekten, belastet der einhergehende Fluglärm. Kritiker fordern deshalb Restriktionen im Nachtflugbetrieb bis hin zu Nachtflugverboten.

Die wirtschaftliche Bedeutung des Köln Bonn Airport für die Region

Als nächtliches Expressfracht-Hub ist der Köln Bonn Airport für den Industrie- und Logistikstandort Nordrhein-Westfalen der wichtigste Luftfrachtstandort, er ist neben den Binnenhäfen das Tor des Rheinlands zur Welt. Der Köln Bonn Airport liegt in der Mitte der so genannten „Blue Banana" – der industriellen Kernregion, die sich von Großbritannien über Rotterdam bis nach Genua am Mittelmeer zieht. Im Umfeld von 500 Kilometern werden ca.

---

[7] http://www.koeln-bonn-airport.de/uploads/tx_download/2008_Wirtschaftsfaktor_CGN_Oek→ onomische%20Bedeutung.pdf.

40 Prozent des Bruttoinlandsprodukts der EU erwirtschaftet. In Nordrhein-Westfalen hängt jeder vierte Arbeitsplatz von der Industrieproduktion ab.

Man kann froh sein, dass mit UPS und FedEx gleich zwei potente Express-frachtunternehmen mit insgesamt über 3.100 Mitarbeitern am Köln/Bonner Standort agieren. Das macht den Airport zum drittgrößten Luftfrachtstandort in Deutschland. Als Beispiel für die idealen Standortbedingungen ist das jüngste Investment in Höhe von ca. 200 Millionen Euro für die neue Frachtsortierhalle von UPS zu sehen. Aber auch FedEx hat bisher schon 140 Millionen Euro in Köln/Bonn investiert. Die Frachtunternehmen am Standort benötigen jedoch Planungs- und Investitionssicherheit, vor allem bedarf es der Sicherung wettbewerbsfähiger Betriebszeiten mit einem 24-Stunden-Betrieb an allen Tagen des Jahres.[8]

In der Stellungnahme des Köln/Bonn-Airports zum Luftverkehrskonzept in Nordrhein-Westfalen wurde ausführlich dargelegt: „Hervorzuheben sind die Voraussetzungen für das Gelingen des Geschäftsmodells der Integratoren: Der Transport und der Umschlag dieser Sendungen finden in der Regel über einem zentralen Ort während der Nacht statt. Da die Eilbedürftigkeit ein wesentliches Leistungsmerkmal ist, werden zumeist an Flughäfen sämtliche Sendungen zentral sortiert, neu verladen und per LKW und eben auch per Flugzeug national oder international abtransportiert. Alle relevanten Anbieter (z.B. UPS & FedEx in Köln/Bonn) bieten ihren Kunden die Zustellung wichtiger Sendungen am Tag nach Abgabe einer Sendung an. In der Regel werden die Sendungen am frühen Abend am Versandort gesammelt, zum nächsten Flughafen gebracht und am späteren Abend dann zu den europäischen Um-ladeknoten geflogen (z.B. Flughafen Köln/Bonn für UPS). Durch die Eilbe-dürftigkeit der Sendungen ist es deshalb für das Unternehmen existenziell wichtig, dass auch nachts unbeschränkt Flugzeuge landen und starten kön-nen, um eine rasche, Europa- und weltweite Zustellung der Sendungen zu gewährleisten. In der Regel werden die Sendungen am zentralen Umladekno-ten in den tiefen Nachtstunden neu sortiert und verladen. Die Flugzeuge ver-

---

[8] http://www.koeln-bonn-airport.de/unternehmen/wirtschaftsfaktor.html.

lassen dann den Knotenflughafen in den frühen Morgenstunden, landen morgens am Empfangsort, wo die Sendungen am Vormittag verteilt werden.

Würde einer der Anbieter ein anderes logistisches Konzept ohne nächtliche Flüge und Umschlagprozesse realisieren, würde sich die Transportdauer der Sendungen erhöhen und der Anbieter würde seine Wettbewerbsfähigkeit verlieren, da nicht mehr den Kundenanforderungen entsprochen wird. Die Kurierdienstunternehmen sind bei ihrer Standortwahl nicht auf eine lokale Marktnachfrage fokussiert und sind durch die Leistungsfähigkeit ihrer Transportnetzwerke jederzeit in der Lage, auf andere geeignetere Flughafenstandorte in Deutschland und Europa auszuweichen."[9]

Auch im Passagiersegment ist NRW der größte Luftverkehrsmarkt: etwa 17 Millionen Menschen leben im Umkreis von 100 Kilometern um den Flughafen Köln/Bonn, der nicht nur über ein dichtes Straßennetz mit eigenem Autobahnanschluss zu erreichen ist, sondern auch durch den unterirdischen Flughafen-Bahnhof. Täglich halten bei uns ca. 190 Züge, mehr als 10.000 Reisende nutzen den Bahnhof täglich. Jüngst wurde sogar der Fernlinienbusbahnhof aus der Stadt Köln zum Flughafen verlegt. Damit sind wir eine ideale Intermodalstation.

Deutschlands wichtigster Low Cost Airport wurde zum ersten Standort der neuen Langstreckenverbindungen von Eurowings/Lufthansa. Damit eröffnet sich eine historische Chance – der Köln Bonn Airport wird im Passagierverkehr zum interkontinentalen Langstrecken-Hub. Auch als Ausweichflughafen für verspätete Maschinen nach Düsseldorf und Frankfurt/Main, die auf Grund der dortigen Nachtflugverbote nicht mehr landen können, hat der Köln Bonn Airport eine nationale Bedeutung.

„Die Betriebszeiten eines Flughafens sind für die Wirtschaftlichkeit und die Wettbewerbsfähigkeit des Flughafens, aber auch für die Wirtschaftlichkeit und Wettbewerbsfähigkeit der dort landenden Fluggesellschaften von wesentlicher Bedeutung. Sowohl Flughäfen als auch Fluggesellschaften müssen

---

[9] LT NRW, Stellungnahme 16/3922.

erhebliche Investitionen tätigen, die sich entsprechend früher betriebswirtschaftlich tragen können, je länger die Nutzungsdauer pro Tag ist. Dieser Effekt hat insbesondere eine positive Auswirkung auf die angebotenen Ticketpreise der Fluggesellschaften.

Für einen Flughafen ermöglicht eine 24-stündige Betriebszeit darüber hinaus, günstigere Abfertigungs- und Landeentgelte zu kalkulieren, weil die Fixkosten auf eine breitere zeitliche Basis gestellt werden können. Dieser Grundsatz ist bei den Flughäfen insbesondere dann gegeben, wenn eine durchgehend intensive Nutzung der Nachtstunden durch die Landung und Abfertigung von Flugzeugen möglich ist. Sollten es nur wenige Bewegungen während der Nachtstunden sein, steht die Aufrechterhaltung des vollständigen Flughafenbetriebes mit den entsprechenden Einrichtungen nicht immer im Verhältnis zu den zu erzielenden Abfertigungsentgelten.

Für die Fluggesellschaften im Langstreckenverkehr ist ein Einsatz der Flugzeuge „rund um die Uhr" noch viel wichtiger. Im Idealfall verlässt das Interkont-Flugzeug den Flughafen vor Betriebsschluss und kehrt während der Betriebszeiten wieder zurück um nach der erforderlichen Zeit für die Abfertigung am Boden erneut die nächste Reise anzutreten. Diese Aspekte gelten insbesondere für den interkontinentalen Luftfracht- und Passagierverkehr in Köln/Bonn.

Die nächtlichen Schließzeiten, wie sie unter anderem an den Flughäfen in Frankfurt/Main und Düsseldorf vorgeschrieben sind, führen dazu, dass ein Flugzeug während der Nachtzeiten sechs (in Düsseldorf acht) Stunden planmäßig nicht starten kann. Ein weiterer Effekt ergibt sich für den Einsatz der Flugzeuge, wenn es zum Ende des Einsatztages zu Verzögerungen bei dem Rückflug kommt und unter Umständen die vorhandenen Betriebszeiten nicht eingehalten werden können. An den meisten Flughäfen gibt es Ausnahmeregelungen, die solch einen Fall berücksichtigen. Gleichwohl kommt es vor, dass verspätet zurückkehrende Flugzeuge nur noch alternative Nachbarflughäfen ohne Betriebsbeschränkungen anfliegen können. Hier sind dann neben den Unannehmlichkeiten für die Passagiere noch erhebliche zusätzliche fi-

Bedeutung von Transparenz in der Klimaschutzpolitik beurteilt werden kann, werden im Folgenden kurz wichtige Grundlagen zur Klimaerwärmung und dem derzeitigen Stand internationaler Klimaschutzbemühungen dargelegt.

In der Wissenschaft besteht Konsens, dass der menschengemachte Klimawandel existiert, und dass sich die globale Mitteltemperatur durch den Ausstoß von Treibhausgasen gegenüber dem vorindustriellen Zeitalter erhöht (Cook et al., 2016). Unser weiterhin zunehmender Konsum von fossilen Energieträgern wie Erdöl, Kohle und Erdgas im Energie-, Transport-, und Wohnsektor, in der Industrie und in der Landwirtschaft führt also zur Erwärmung der Erde. Werden keine Anstrengungen unternommen, den Ausstoß von Emissionen zu verringern, wird der Anstieg der Temperaturen bis zum Jahr 2100 vom IPCC (Intergovernmental Panel on Climate Change; Zwischenstaatlicher Ausschuss für Klimaänderungen) auf über 4°C geschätzt. Was sich auf den ersten Blick für unsere westliche, industrialisierte Welt als angenehme Erhöhung in Richtung von mediterranen Temperaturen anhört, hat jedoch schwerwiegende Konsequenzen: Dürren und starke Stürme und ein Anstieg des Meeresspiegels, der Städte wie Shanghai, Tokyo und New York City überfluten, und außerdem ganze Inseln wie Tuvalu und die Marshall Inseln versinken lassen würde. Außerdem das Aussterben unzähliger Tier- und Pflanzenarten, und nicht zuletzt stark sinkende Erträge bei der Nahrungsmittelproduktion. Was für uns weit weg klingen mag, wird in unserer globalisierten und vernetzten Welt auch auf ein Land wie Deutschland, das vergleichsweise geringe direkte klimatische Auswirkungen erleben wird, verheerende Konsequenzen haben. Denn eine Erwärmung um 4°C oder mehr wird von Forschern wie Kevin Anderson als eine Welt beschrieben, in der ein zivilisatorisches Zusammenleben so wie wir es kennen, nicht mehr möglich sein wird (Anderson, 2011).

Was wie eine Dystopie klingt, wird die Zukunft darstellen, sollte sich der globale Emissionsausstoß nicht drastisch verringern. Den gemeinsamen Kampf gegen den Klimawandel versprachen 197 Staaten im Rahmen der Klimarahmenkonvention der UN (UNFCCC). Im historischen, ersten globalen Klimaabkommen, verabschiedet im Dezember 2015 in Paris, verpflichtet nanzielle Aufwendungen zu tätigen, um solch ein Flugzeug wieder rechtzeitig zum geplanten Abflugtermin und -ort zu positionieren oder wenn Folgeumläufe nicht planmäßig starten können und dafür Ersatzmaßnahmen erforderlich sind.

Es bedarf also der Sicherung wettbewerbsfähiger Betriebszeiten und somit keiner Änderung oder gar Einschränkung der bestehenden Betriebsgenehmigung in Köln/Bonn. Es muss zur Kenntnis genommen werden, dass der Flughafen Köln/Bonn über eine rechtmäßige und bestandskräftige Betriebsgenehmigung verfügt, was mehrfach durch Gerichte bestätigt wurde. Auch ein Teilwiderruf der Betriebsregelung – beispielsweise durch Einführung eines Passagiernachtflugverbotes – ist rechtlich nicht möglich. Allerdings sind die Auflagen zu der Betriebsgenehmigung – wie z.B. die der alle fünf Jahre zu erbringende Nachweis der Lärmreduktion – bis zum Jahr 2030 befristet. Es ist für die nachhaltige Sicherung der Investitionen und hiermit einhergehend die Sicherung der Arbeitsplätze notwendig, hier möglichst frühzeitig für eine Planungssicherheit über 2030 hinaus zu sorgen.

Die Unternehmen am Flughafen vertrauen auf einen 24-Stunden-Betrieb an allen Tagen des Jahres sowie auf den Ausschluss von Gewichts- und Betriebszeitbeschränkungen. Ein Verbot des Passagenachtflugbetriebes ist zweifach bundespolitisch gescheitert und daher keine Option. Bereits im ersten Jahr wäre in der Region mit einem Wegfall von 1.700 Arbeitsplätzen und Umsatzverlusten bei den Unternehmen in Höhe von 101 Millionen Euro sowie Einkommensverlusten in Höhe von 61 Millionen Euro zu rechnen. Die Herausnahme der leiseren Passagierflüge aus der Nacht würde zudem zu mehr lauteren Frachtflügen führen."[10]

Daher begrüßt der Köln Bonn Airport das Koalitionsvorhaben eines Luftverkehrskonzeptes für Deutschland. Die Bundesregierung plant innerhalb dieser Legislatur, die national bedeutenden Flughafenstandorte zu definieren und verbindlich festzulegen, wo Nachtflugmöglichkeiten erhalten werden müs-

---

[10] Ebenda, sowie http://www.koeln-bonn-airport.de/uploads/tx_download/2008_→ Wirtschaftsfaktor_CGN_Nachtflug.pdf.

sen. Ziel eines solchen Bund-Länder-Konzepts ist es, mit den darin vorgenommenen Festlegungen national bedeutender Flughafenstandorte und wettbewerbsfähiger Betriebszeiten Planungssicherheit für Bürger und Unternehmen sowie einen abwägungsrelevanten Belang bei künftigen gerichtlichen Abwägungen zu schaffen, so auch für den Köln Bonn Airport.

Wirkung von Verkehrslärm auf die Gesundheit

Dennoch ist im Umland von Köln/Bonn vor allem nachts eine Lärmbelästigung zu konstatieren. Wie wirkt Fluglärm auf die betroffene Bevölkerung? „Die neuesten Erkenntnisse der NORAH-Studie zur Lärmwirkungsforschung aus dem Herbst 2015 erlauben einen fundierten Blick auf die Wirkung von Verkehrslärm auf die Gesundheit. Es ist die bislang umfassendste und aktuellste Studie zur Lärmwirkungsforschung im Verkehr. Acht wissenschaftliche Einrichtungen und ein Ingenieurbüro untersuchten darin die Auswirkungen von Verkehrslärm (Schiene, Straße und Flug) auf Lebensqualität, Gesundheit und Entwicklung von Anwohnern an Deutschlands größtem Flughafen, Frankfurt am Main sowie der Rhein-Main-Region. Parallel dazu fanden vergleichende Untersuchungen an den Flughäfen Stuttgart, Berlin-Brandenburg und Köln/Bonn statt. NORAH ist die größte und umfassendste Studie ihrer Art, die bisher im deutschsprachigen Raum durchgeführt wurde. Die hohe wissenschaftliche Qualität beruht unter anderem auf einem eigens eingerichteten Beirat zur Qualitätssicherung.

Wichtige Ergebnisse zu den Folgen von Verkehrslärm sind insbesondere: Lauter und wiederkehrender Lärm, wie zum Beispiel die Geräuschkulisse sich bewegender Autos, Züge oder Flugzeuge, kann bei Menschen zur Beeinträchtigung der Gesundheit führen. Schall wirkt schließlich nicht nur auf das Gehör, sondern auf den gesamten Körper. Menschen nehmen gleiche Geräusche ganz unterschiedlich und somit individuell wahr: Was für den einen angenehm ist, kann für den anderen bereits unzumutbaren Krach bedeuten. Formel-1-Rennen und Bach-Kantaten, Rockkonzerte und Kindergeschrei – neben der messbaren Lautstärke spielt auch die Einstellung des Hörenden zum Gehörten eine Rolle bei der Bewertung. Insofern können Geräusche das subjektive Empfinden von Menschen schon allein dadurch beeinträchtigen, dass sie stören – sie können Stress verursachen. Selbst in einer Intensität, die die Gesundheit nicht beeinträchtigt, kann Schall körperliche Stressreaktionen auslösen. Diese können auch im Schlaf auftreten. Als mögliche gesundheitliche Langzeitfolgen werden unter anderem Bluthochdruck sowie Herz- und Kreislauferkrankungen diskutiert.

Mit den Ergebnissen dieser umfassenden Untersuchung steht mittlerweile fest, dass die negativen Effekte von Fluglärm deutlich geringer ausfallen als bisher angenommen bzw. als vielfach behauptet wurde. Die Untersuchungen ergaben, dass ein Zusammenhang zwischen Fluglärm und erhöhtem Blutdruck nicht besteht. Dies war aber in der Zeit vor NORAH immer wieder formuliert worden. Weil es diesen angenommenen Zusammenhang laut NORAH nicht gibt, ist auch eine darauf aufbauende Annahme nicht zutreffend: Durch Fluglärm verändere sich der Blutdruck der Betroffenen dauerhaft, wobei diese krankhafte Steigerung wiederum das Entstehen von Herzkreislauferkrankungen nach sich ziehe. Und anders als bei Straßen- oder Schienenlärm haben die NORAH-Forscher für die Gesamtgruppe der Untersuchten auch keinen nachweisbaren Zusammenhang zwischen Fluglärm und einem erhöhten Risiko, einen Herzinfarkt oder einen Schlaganfall zu erleiden, gefunden. Allerdings haben sie einen gewissen Wirkungszusammenhang bei der Herzinsuffizienz entdeckt: Bei einer Erhöhung der dauerhaften Geräusche von Flugzeugen um 10 Dezibel steigt das Risiko dafür um 1,6 Prozent. Das Risiko bezogen auf Straßenlärm liegt jedoch um ein Vielfaches höher.

Die NORAH-Studie zeigt, dass die bisherigen Maßnahmen und die gesetzlichen Vorgaben in puncto Lärmschutz ausreichend sind. Forderungen, sie zu verschärfen, könnten an einzelnen Punkten sogar kontraproduktiv sein, da dies den Unternehmen im umkämpften internationalen Wettbewerb die Investitionskraft für neue, leisere Flugzeugtypen rauben könnte. Lärmschutz bleibt ein wichtiges Thema für die Luftfahrtbranche. Die Ergebnisse der NORAH-Studie sind eine gute Basis für eine sachlich-fundierte Lärmdiskussion aller Beteiligten. Da das Belästigungsempfinden der Menschen ganz wesentlich von subjektiven Faktoren abhängt, muss auf ihnen in der weiteren Betrachtung ein starker Fokus liegen." [11]

Transparenz und Öffentlichkeitsarbeit: Maßnahmen des Flughafens zur Lärmreduktion

Seine Nachbarn vor Fluglärm zu schützen, hat für den Köln Bonn Airport dennoch höchste Priorität. Umfangreiche gesetzliche sowie freiwillige Lärmschutzmaßnahmen wurden in den 1970er Jahren fest etabliert, hierbei unterscheidet man zwischen aktiven und passiven Schallschutzmaßnahmen. Ziel ist es, die Belastung der Anwohner möglichst gering zu halten – diese Philosophie zeichnet den Köln Bonn Airport aus.

Ein aktuelles Beispiel in Köln/Bonn ist die frühe Bürgerbeteiligung im Rahmen des Planfeststellungsverfahrens. Hierzu wurden in der Nachbarschaft zum Köln Bonn Airport drei konstruktive Veranstaltungen der frühen Bürgerbeteiligung durchgeführt – in sachlicher und ruhiger Art und Weise. [12] Hierdurch zeigen sich die hohe Akzeptanz des Flughafens und ein Erfolg der intensiven Umlandkommunikation, die der Flughafen seit Jahren betreibt. In monatelanger Vorbereitung wurde das Veranstaltungssetting mit einem neutralen Moderator entwickelt. Auch wurden entsprechende Presseinformationen zur Einladung und Nachbereitung sowie eine Ausstellung und Flyer zur Erläuterung der Vorhaben erstellt. Während des gesamten Prozesses der Planfeststellung begleitet eine eigene Website das Verfahren, über die sich die Bürgerinnen und Bürger ständig informieren können. [13] Nach der frühen Bürgerbeteiligung folgt nach Einreichung des Planfeststellungsantrages noch die ordentliche Bürgerbeteiligung, die ebenfalls durch eine breite Palette der Kommunikation begleitet wird.

Eine Arbeitsgruppe des Flughafenverbandes ADV hat Leitlinien für eine gute Bürgerbeteiligung bei Ausbauvorhaben an den deutschen Flughäfen entwi-

---

[11] Ebenda, sowie http://www.norah-studie.de.
[12] http://www.koeln-bonn-airport.de/uploads/tx_download/2016-02-FKB_Buergerbeteiligung. → pdf.
[13] http://www.koeln-bonn-airport.de/unternehmen/planfeststellung

ckelt. In der Arbeitsgruppe waren Experten der großen, mittleren und kleinen Airports in ganz Deutschland sowie des größten österreichischen Flughafens Wien Schwechat vertreten. Die Leitlinien für eine gute Bürgerbeteiligung wurden Anfang November 2014 in Berlin vorgestellt und finden nun in Köln/Bonn erstmals ihre Anwendung.[14]

Die intensive Arbeit mit den Nachbargemeinden im Rahmen der Fluglärmkommission entwickelt sich vertrauensvoll und gut, der Flughafen hat jüngst im Kommunalwahlkampf keine Rolle gespielt. In einem gesonderten technischen Ausschuss wird nach Wegen gesucht, Machbares im Bereich Lärmreduktion sofort umzusetzen. Ein neues Anflugverfahren und finanzielle Vorteile für Fluggesellschaften mit leiser Flotte senken den Lärmpegel. Hinsichtlich der Zahl der nächtlichen Flugbewegungen trägt das auf vier Säulen basierende Lärmschutzkonzept des Köln Bonn Airport Früchte.[15]

Mehr Fracht bedeutet keineswegs mehr Flugbewegungen. Die Maschinen werden größer, moderner und auch leiser, d.h. lärmkritische Flugzeuge werden durch leisere ersetzt oder Flüge zeitlich verlegt. Ein wesentliches Element für die Verkehrssteuerung sind lärmabhängige Entgelte. Der Flughafen setzt durch die Ausgestaltung der Gebühren starke finanzielle Anreize, um Airlines zu motivieren, Nachtflüge zu vermeiden und leiseres Fluggerät einzusetzen. Um eine bestmögliche Lenkungswirkung zu erzielen, sind Starts und Landungen in der Nacht grundsätzlich wesentlich teurer als am Tag. Ein neues Gebühren-Modell, bei dem Frachtflüge in der Nacht massiv verteuert wurden, zeigte bereits Wirkung: Die Zahl der nächtlichen Flugbewegungen der verhältnismäßig lauten MD11 hat sich in Köln/Bonn nahezu halbiert, 60 Prozent der Flugbewegungen großer Frachtflugzeuge finden bereits am Tage statt. Dies ist ein klares Indiz für die Wirksamkeit der reformierten Entgeltordnung, die den Einsatz lauterer Flugzeuge in der Nacht noch einmal deutlich verteuert. Auch das Rabatt-System, wonach Airlines, die statt der MD11 verstärkt die Boeing 777 einsetzen, belohnt werden, erweist sich als guter

---

Anreiz für Frachtairlines wie FedEx, modernere und leisere Maschinen einzusetzen. Auch die nächtlichen Passagegebühren wurden bereits erhöht.

Durch satellitengestütze Anflugverfahren wie dem kontinuierlichen Sinkflug kann die Triebwerksleistung reduziert werden, da in einer Art Gleitflug weniger Schubkraft benötigt wird. Auch bleibt das Flugzeug länger in größerer Höhe – beides reduziert die Schallwahrnehmung am Boden maßgeblich. Im Rahmen des NeSS-Verfahrens wurden Wegpunkte entwickelt, um dicht besiedelte Kommunen zu entlasten – die Routen wurden vorwiegend über dünn besiedelte Bereiche geführt. Im Zuge von Flugroutenoptimierungen wird nun beim An- und Abflug entlang der möglichst lärmreduzierenden Sollfluglinie geflogen.

Wenn Kommunen früher neue Wohngebiete im An- und Abflugbereich des Flughafens zuließen und dadurch Neubürger verstärkt unvermeidlichem Fluglärm aussetzten, handelten sie verantwortungslos. Ein Verbot der Ausweisung von Wohngebieten im An- und Abflugbereich des Flughafens war hilfreich. Dies wurde nun im Landesentwicklungsplan Nordrhein-Westfalens erstmalig verankert. Ein wichtiger Beitrag zur Lärmeindämmung ist zudem das Programm zum passiven Schallschutz an Wohngebäuden, für das der Flughafen 85 Millionen Euro bereitgestellt hat. Hierbei handelt es sich um Dämmmaßnahmen wie Schallschutzfenster und Lüfter. Rund 90 Prozent der Betroffenen sind mit der Bauausführung anschließend zufrieden bis sehr zufrieden.[16]

Auf der Homepage des Köln Bonn Airport kann man seit Mitte März 2014 die Flugspuren der startenden und landenden Flugzeuge rund um die Uhr mitverfolgen. Mit Hilfe kleiner Flugzeugsymbole auf einer digitalen Landkarte erhält man Informationen über Weg, Höhe, Geschwindigkeit, Airline, Flugzeugtyp und Ziel. Außerdem können die an den einzelnen Messstellen des Flughafens ermittelten Einzelschallpegel abgelesen werden. Das Programm, das dies ermöglicht, heißt „Travis" (Abkürzung für „Track Visualisa-

---

[16] http://www.koeln-bonn-airport.de/unternehmen/umwelt-laermschutz/passiver-schallschutz. → html.

tion"). Es bündelt Verkehrs- und Radardaten, Wetterinformationen sowie die Messergebnisse der insgesamt 16 Fluglärm-Messstellen rund um den Köln Bonn Airport und zeigt Daten in übersichtlicher Form an. Aufgrund der Komplexität der Informationen geschieht dies mit einer Zeitverzögerung von zehn Minuten.[17]

Fazit und Ausblick

Flugzeuge sind heute nur noch halb so laut wie vor 50 Jahren. Die Lärmemissionen der Flugzeuge wurden seit den 1950er Jahren um rund 80 Prozent reduziert, und es ist eine kontinuierliche Entkoppelung der Flugbewegungen vom Passagierwachstum erfolgt.[18] Das heißt: Die Zahl der Passagiere ist deutlich stärker gestiegen als die Zahl der Flugbewegungen, weil heute vermehrt größere Flugzeuge zum Einsatz kommen.

Interessant ist, dass sich die politische Diskussion vor allem um Fluglärm dreht, obwohl hier die mit riesigem Abstand geringsten Betroffenheiten im Verkehrsträgervergleich vorliegen. Laut Lärmkartierung des Umweltbundesamtes werden zwischen 22 Uhr und 6 Uhr achtundzwanzig Mal mehr Menschen von Straßenlärm und dreiundzwanzig Mal mehr von Schienenlärm gestört als von Fluglärm.[19]

Bürgerinitiativen haben sich vor allem im Umland von Flughäfen gegründet. Hier findet sich das entsprechende bürgerlich-grüne Milieu: im Rentenalter, akademisch gebildet, gut ausgestattet mit Kapital, Zeit und Netzwerken und mit erlebter und erlernter Protestkultur aus den 1970er Jahren. Sozial schwächeres Milieu entlang von Schienen- und Autobahntrassen haben hier meist weniger politische Bedeutung erlangt.

Es gilt dennoch, weiterhin einen Ausgleich zwischen der wirtschaftlichen Bedeutung der Flughäfen sowie dem berechtigten Interesse vor mehr Lärm-

---

[17] http://travis.koeln-bonn-airport.de.
[18] http://www.bdl.aero/de/themen-positionen/umwelt/verkehrslarm.
[19] http://www.fluglaerm-portal.de/fluglaerm-debatte/verkehrstraeger-vergleich.

schutz zu finden. Transparenter Dialog auf Augenhöhe mit dem Umland ist hierbei die beste vertrauensbildende Maßnahme.

Auch in Zukunft wird die Luftfahrtbranche mit erfolgreichen Maßnahmen zur Reduktion von Fluglärm fortfahren. Mit „Flightpath 2050" hat sich die Branche zum Ziel gesetzt, den Lärm nochmals mehr als zu halbieren. Hierbei hilft die Forschung von Instituten wie DLR[20] und Bauhaus Luftfahrt enorm.[21] In Köln/Bonn sind wir intensiv dabei, mit der RWTH Aachen beispielsweise maßgeschneiderte, lärmminimierende Flugverfahren zu entwickeln.

---

[20] http://www.dlr.de/dlr/desktopdefault.aspx/tabid-10195/337_read-279/#/gallery/105.
[21] http://www.bauhaus-luftfahrt.net/ueber-uns/copy_of_mission.

Oliver Mersmann / Jonas Abs

Außenpolitik zwischen Arkanum und demokratischem Transparenzgebot

Außenpolitik hat sich in den letzten 100 Jahren grundlegend gewandelt. Sie stellt heute nicht mehr die arcana imperii dar, die sie im Kaiserreich oder auch in der jungen Bundesrepublik noch war. Ein solches Verständnis kann in der demokratischen Bundesrepublik schon deshalb nicht mehr bestehen, weil die Regierung und die Verwaltung durch das Parlament, die Öffentlichkeit bzw. eine starke Presse kontrolliert werden. Zudem ist das konservative Verständnis eines nur hierarchisch-geschlossen organisierten Wissens im Auswärtigen Amt abgelöst worden durch ein Verständnis von vernetzter Diplomatie[1] und die für unsere Zeit seit den achtziger und neunziger Jahren prägende Vorstellung von der Netzwerklogik.

Die vorgenannten Entwicklungstendenzen sich in der Arbeitsweise des Auswärtigen Dienstes wieder. Getragen durch einen ständigen Austausch mit anderen Ministerien, kommen unterschiedliche Interessen und Sichtweisen in ressortübergreifenden Arbeitsgruppen zusammen. Die Geheimhaltung ist real gesunken, weil immer mehr hauptamtliche Akteure in außenpolitische Ergebnisse eingebunden werden, wodurch die offizielle und inoffizielle Informationsmenge drastisch steigt, teilweise sogar zu einer Intransparenz der Datenflut geführt hat. Zu diesem neuen Verständnis der Zusammensetzung des außenpolitischen Prozesses und der Mitteilsamkeit der außenpolitischen

---

[1] *Bagger, Thomas / Heynitz, Wolfram von*: „Der vernetzte Diplomat“: Von vernetzter Sicherheit zu einer „netzwerkorientierten Außenpolitik, in: Zeitschrift für Außen-und Sicherheitspolitik (5/2012), S. 49-61.

Akteure hat vor allem der kommunikationstechnische Wandel beigetragen, der die Außenpolitik heute mit einem Umfeld der „Industrie 4.0" umgibt. Die öffentliche Diplomatie („Public Diplomacy"), „Social-Media Diplomacy" und geleakte Geheimnisse sind Begriffe dieses neuen Verständnisses von Außenpolitik, das an die staatlichen Akteure herangetragen wird und vom Auswärtigen Amt mit der Hinwendung zum Wähler durch den Review-Prozesses 2014 aufgegriffen wurde.

„Public Diplomacy" ist der Kanal, in dem die immer wichtiger werdende Soft-Power, also die nicht-militärische Macht und die politischen Werte eines Landes transportiert und wirkmächtig werden. Die öffentliche Diplomatie arbeitet nach innen am eigenen Selbstverständnis und rechtfertigt vor dem Bürger letztlich den Gebrauch der gesamten Macht nach außen. Im Außenbereich zwingt diese Multilevel-Diplomatie die anderen Staaten sich mit der Soft-Power als ideelle und wirtschaftliche Grundlage der Hard-Power auseinanderzusetzen.

Der einzelne Bürger und Nichtregierungsorganisationen sind zu diesem Prozess als passive und aktive Akteure innerhalb einer neuen „Digital Diplomacy" oder noch neueren „Social-Media-Diplomacy" hinzugetreten. Sie sind Empfänger der digitalen außenpolitischen Äußerung ihrer eigenen Vertreter und auch der Äußerungen anderer Staaten. Dabei ist aber der Akteurskreis nicht mehr klar zu definieren und die außenpolitische Interessenpolitik konnte sich gut getarnt als zivilgesellschaftliche Äußerung in die sozialen Medien mischen. Aktuelle Beispiele für diese neue Form der politischen Kommunikation, die sich meist aus unklaren Akteurskreisen bzw. Informationskanälen zusammensetzt, nehmen merklich zu. Im Zuge der Ukrainekrise kann zwischen der Europäischen Union und Russland von einem regelrechten Propagandakampf gesprochen werden, der in der öffentlichen Privatheit von Facebook die Massen beeinflusst. Auch der Wahlkampf von Donald Trump fällt unter dieses Konzept der „Digital Diplomacy" und er zeigt dabei, wie unberechenbar diese Form der Diplomatie ist und auch einem Marketing für den Sendestaat entgegenstehen kann. In Israel kann der Bürger sogar in Kursen lernen, wie er diese Rolle als Mittler seines Landes erfüllt. Diese Wirkung ist bei internationalen Sportereignissen lange bekannt und wird in der Bewerbung der Staaten um ihre Ausrichtung auch ins Kalkül gezogen, etwa beim sogenannten Sommermärchen 2006 in Deutschland oder den Olympischen Spielen in China 2008 („National Branding").

Gerade weil „Public-Diplomacy" auch durch den Bürger transportiert werden kann, ist sie so wirkmächtig wie Regierungserklärungen, was zweifelsohne auch zu einer regelmäßigen Überbewertung der einzelnen nichtstaatlichen Akteursäußerung führt. Die Schwierigkeit der Analyse durch klassische Instrumente der Diplomatie und die Herausforderung, nicht auf jede „Verbalnote durch Jedermann" zu reagieren, sind der Preis für dieses eigendynamische Konzept der erweiterten öffentlichen Diplomatie des digitalen Zeitalters. Das wertet aber gerade die Diplomatie vor Ort in den Botschaften auf, deren Bedeutung in der multimedialen Verwertung und Bewertung der vielen staatlichen und gesellschaftlichen Äußerungen des Empfangsstaates zugenommen hat und in der gefragten Kompetenz über eine Presseschau hinausgeht, die durch den CNN-Effekt verdrängt wurde. Dieser Bedeutungswandel verpflichtet die Regierungen aber auch dazu genau diese Einschätzungen auch abzufragen.

Institutionell wird Transparenz u.a. durch das föderale Verfassungsprinzip ermöglicht. Zwar besitzt der Bund die grundsätzliche Zuständigkeit für die Außenpolitik und die europäische Integration, aber die Sachmaterien können die Kompetenzen der Länder berühren. Der Bund hat in diesen Bereichen regelmäßig den Bundesrat zu informieren und zeitnah sowie umfassend Transparenz herzustellen.[2]

Komplizierter verhält es sich dagegen mit dem Institutionengefüge der Europäischen Union. Die EU ist ein Staatenverbund, ihre Transparenzbemühun-

---

[2] Art. 23 GG: (2) „In Angelegenheiten der Europäischen Union wirken der Bundestag und durch den Bundesrat die Länder mit. Die Bundesregierung hat den Bundestag und den Bundesrat umfassend und zum frühestmöglichen Zeitpunkt zu unterrichten." (4) „Der Bundesrat ist an der Willensbildung des Bundes zu beteiligen, soweit er an einer entsprechenden innerstaatlichen Maßnahme mitzuwirken hätte oder soweit die Länder innerstaatlich zuständig wären."; Art. 32 GG: (2) „Vor dem Abschlusse eines Vertrages, der die besonderen Verhältnisse eines Landes berührt, ist das Land rechtzeitig zu hören."

gen zielen auf den Abbau der ihr inhärenten Defizite. Das Problem der inversen Hierarchie aus intergouvernementalen und supranationalen Elementen, also der Vielheit von Entscheidungträgern und der Konkurrenz zwischen den nationalen Parlamenten und dem EU-Parlament erschweren dieses Vorhaben. In diesem hierarchischen System wird auf allen Ebenen für oder gegen die Heterarchie gestritten. Diese Struktur führt zu nationalen und demokratischen Vorbehalten gegenüber dem Tätigwerden der EU-Organe, da der individuelle Bezugsraum auch im 21. Jahrhundert noch durch die Region und den Nationalstaat geprägt ist. Der Nationalstaat bleibt der politische Primärraum. Das Subsidiaritätsprinzip ist in diesem Sinne ein Mittel der Transparenzsicherung, weil es dem Bürger die Nachverfolgung von Entscheidungen ermöglicht. Ein „Europa der zwei Geschwindigkeiten", wie es sich im Euroraum bereits manifestiert, zeugt von einem unterschiedlichen Umgang mit den der EU inhärenten Transparenzdefiziten. Die Rufe nach mehr Integration oder mehr nationalen Vorbehaltsräumen sind zunächst gleichwertige Möglichkeiten das Transparenzdefizit zu überbrücken. Die EU lernt mehr und mehr aus dem stark technokratischen Selbstverständnis herauszubrechen und betreibt auch eine öffentliche Diplomatie.

Den Ausgangspunkt nimmt dieses Bestreben in den Vorbehalten der Nationalstaaten gegenüber z.B. der EU-Handelspolitik (TTIP/CETA). Zeitgleich wird dieses Bestreben aber auch durch die Vorbehalte des Nationalgefühls determiniert. Der Brexit jedenfalls hat gezeigt, dass die EU diese Verantwortung der Eigenwerbung nicht den Nationalstaaten überlassen kann – aus Konkurrenzgründen geht das nicht konsortialiter. Dies gilt besonders deshalb, weil die Integrationsgeschichte der EU deutlich zeigt, dass gute Entscheidungen eher den Nationalstaaten als gewonnene nationale Vorbehaltsräume angerechnet werden und die negativen oder freiheitsverkürzenden, manchmal sinnlos wirkenden Entscheidungen als das Ergebnis der Integrationsforderungen bezeichnet werden.

Diese Konkurrenz der Ebenen führt folgerichtig zu einer Betätigung des EU-Parlamentspräsidenten und der Fraktionsvorsitzenden im EU-Parlament als „Reisediplomaten". Die Nachverfolgung und der Anspruch von Entscheidungen des Rates- als Institution und Anzahl seiner Mitglieder- werden durch das häufige Auftreten der Trias Tusk, Merkel, Hollande oder als Tetraktys mit Renzi deutlicher. Der immer deutlicher werdende Gestaltungsanspruch der EU als Staatenverbund mit eigenen Kompetenzen wird durch den Kommissionspräsidenten und die EU-Außenbeauftragte nach innen und außen repräsentiert. Nicht zu unterschätzen sind dabei die Regionalvertretungen der EU in den Mitgliedsstaaten und die täglichen Newsletter der Kommission oder die EU-Nachrichten, die die entscheidungsrelevanten Informationsquellen in das private E-Mail-Fach von potentiell 508 Mio. EU-Bürgern transportieren sollen. Diese Beispiele zeigen, dass Transparenz in komplexer werdenden außenpolitischen Strukturen vor allem ein Lernprozess ist, der die Bürger und Staaten betrifft. Dieser Prozess befördert auch die Konkurrenz um die Deutungshoheit von internationalen Entscheidungsprozessen, weil sich das elitäre Feld der Außenpolitik durch die multimedialen Mittel fragmentiert, aber sich die Informationslage verdichtet.

Die Frage, die die breite Öffentlichkeit spätestens seit den Veröffentlichungen des Kreises um Wiki-Leaks beschäftigt, geht aber dahin, ob es überhaupt noch zeitgemäß sein kann, auf die Notwendigkeit von Geheimdiplomatie und Geheimverträgen[3] im außenpolitischen Tagesgeschäft zu verweisen. Es ist nicht zu leugnen und ein hohes Gut unseres Verfassungsstaates, dass „Transparenz eine Bedingung" unseres „normgebundenen Systems sein muss."[4] Transparenz einzuschränken in außenpolitischen Vorgängen, wie den Verhandlungen über die Bedingungen von Krieg und Frieden in den Kriegs-, Terror- oder Bürgerkriegsregionen, kann über die Verhandlungsbereitschaft der beteiligten Mächte entscheiden, weil nicht alle Beteiligten Staaten die gleiche Transparenzoffenheit vertreten. Auch die Erfolge der deutschen Ostpolitik ab 1969 bestanden nur innerhalb der Möglichkeit eines geheimdiplomatischen Verkehrs.

---

[3] Geheimverträge sind der Öffentlichkeit und der parlamentarischen Kontrolle entzogen, wenn sie nicht den Art. 59 Abs. 2 GG berühren.
[4] *Bröhmer, Jürgen*: Transparenz als Verfassungsprinzip, S. 24

Die Schwierigkeit in der Entemotionalisierung der Debatte um die berechtigte Reichweite der Forderung nach mehr Transparenz liegt in der ihr immanenten Stoßrichtung von Transparenz als Abwesenheit von Intransparenz, also einer absichtsvollen Verschleierung. Ein zweites Problem besteht in dem mit der Debatte verwobenen Misstrauen in Politik und Eliten und der Staats-, Demokratie- und Führungsverdrossenheit der Bürger. Die EU hat in Art. 1 Abs. 2 EUV deshalb richtig angenommen, dass es einen Zusammenhang zwischen Prozessoffenheit und Bürgernähe gibt. Alle staatlichen Institutionen, ob Bundestag, Auswärtiges Amt oder Bundesnachrichtendienst sehen sich der gleichen Transparenzforderung ausgesetzt, aber unterliegen sie auch dem gleichen Transparenzgebot? Gibt es einen Bereich in der Außenpolitik, der die grundsätzlichen Ziele und die Ergebnisse der Politik transparent machen muss, aber gesetzmäßig die Wege unenthüllt lassen darf?

Das Informationsfreiheitsgesetz, das das Recht auf Informationszugang und die Transparenz der Verwaltung positiviert, schätzt das jedenfalls so ein. Es ermöglicht gerade keinen Zugriff auf Dokumente aus laufenden Entscheidungsprozessen (§ 3 und § 4 IFG) oder auf personen- und betriebsbezogene Daten (§ 5 und § 6 IFG). Dass gerade das vertrauensbasierte System der internationalen Beziehungen besondere Sorgfalt in der Informationsverbreitung der Verwaltung bedarf, thematisiert § 3 Abs. 1 lit. a und Abs. 3 lit. a IFG. Ihm ist zu entnehmen, dass ein Anspruch auf Informationszugang verwehrt werden kann, wenn negative Auswirkungen auf internationale Beziehungen zu erwarten sind.

Dennoch ist zu konstatieren, dass durch das Informationsfreiheitsgesetz aus dem Jahr 2006 ein Paradigmenwechsel stattgefunden hat, denn der Anspruch auf Transparenz kann nicht mehr mit dem pauschalen Verweis auf das Amtsgeheimnis zurückgewiesen werden, sondern muss individuell geprüft werden, er wird dabei lediglich in Ausgleich mit höherwertigen Interessen gebracht.

Die Frage nach Transparenz in der Außenpolitik bewegt sich zwischen den Polen „Public Diplomacy", als eine Art Marketing für den Standort Deutschland im Ausland sowie Öffentlichkeit im Inland einerseits und den Enthüllungen durch Wiki-Leaks andererseits, die der italienische Außenminister als den „11. September der Diplomatie"[5] bezeichnete. Das Thema steht folglich zwischen dem Anspruch auf Vertrauen als Währung der Diplomatie und der Haltung weniger Aktivisten mit Netzwerkmacht, dass Geheimdiplomatie und Staatsgeheimnisse Begriffe des etatistischen 19. Jahrhunderts seien. Diese hätten im Zuge der digitalen Möglichkeiten ihre Berechtigung verloren. Dem gegenüber ist die „Public Diplomacy" ein demokratisches Erfolgskonzept, zu dem auch der „Review-Prozess 2014. Außenpolitik weiter denken" gehört, den das Auswärtige Amt zur Beteiligung der Bürger und zum offenen Diskurs mit der Gesellschaft über die außenpolitischen Ziele Deutschlands initiiert hatte.

In einem dreistufigen Kommunikationsprozess wurde mit Experten, der Öffentlichkeit und den Diplomaten im Auswärtigen Amt die Außenpolitik Deutschlands im Umfeld des dauerhaften Krisenmodus diskutiert. Die Ergebnisse haben in der dritten Stufe auch zu Veränderungen und Neustrukturierungen im Auswärtigen Amt geführt. Nach diesem Erfolg ist das Nachfolgeprojekt „Peace-Lap 2016. Krisenprävention weiter denken" auf den Weg gebracht worden. Beide Initiativen gehen von einem Werkstattbewusstsein für Außenpolitik im Auswärtigen Amt aus und tragen die Diskussion aus dem Hinterzimmer in die Öffentlichkeit. Demokratisch legitimiert ist diese Transparenz nicht zuletzt durch die vom Bundestag dafür bewilligten Mittel.[6]

Leaks können eine wichtige Bedeutung haben, wenn Verbrechen aufgedeckt werden sollen, aber fraglich ist, ob die massenhafte Veröffentlichung von geheimen diplomatischen Quellen, Informationen und Namen sich der gleichen Bedeutung versichern kann. Hier steht nicht etwa das konservative Fach der Diplomatie dem Willen der Öffentlichkeit gegenüber, sondern ist dem Willen Einzelner unterworfen. Die Diplomatie wurde in ihrer ureigenen Dialog-Funktion grundsätzlich geschädigt.

---

[5] *Evers, Marco* u.a.: Zeit der Entschuldigungen, in: Spiegel 49/2010, S. 95.
[6] Vgl. *Steinmeier, Frank-Walter*: Zivil, frühzeitig und langfristig: Krisenprävention weiter denken, abrufbar unter: http://www.peacelab2016.de/peacelab2016/debatte/vereinte-nationen/→ article/zivil-fruehzeitig-und-langfristig-krisenpraevention-weiter-denken/.

Transparenz als Forderung an eine sich mitteilende Außenpolitik, die dazu auch parlamentarisch kontrolliert wird, braucht ein Mindestmaß an Vertrauen. Der Vertrauensverlust, der sich in einer Forderung nach gläserner Diplomatie widerspiegelt, kann den nationalen Interessen entgegenstehen. Denn Gläsernheit nach innen bedeutet auch Gläsernheit nach außen und wird die eigene Verhandlungsposition schwächen und die sogenannten roten Linien auch dem Verhandlungspartner oder -gegner offenbaren. Hingegen kann es problematisch sein, dass einzelne mit zufälliger Medienmacht ausgestaltete und daher unkontrollierte sowie nicht legitimierte Individuen die Bedingungen der Diplomatie verändern und ihrem privaten Willen unterwerfen wollen.

Die westlichen Demokratien müssen auf die Selbstkontrolle ihrer ausgeklügelten Systeme vertrauen und überlegen, ob Sperrfristen für gewisse Dokumente und Geheimhaltung bestimmter Informationen nicht auch unser System in seinem internationalen Verkehr stützen. Das Vertrauen der Bevölkerung in den sehr beschränkten Geheimnisbereich der Regierung schützt die Ordnung. In gewisser Weise schwächen wir sogar unseren Selbstwert gegenüber den restriktiven Systemen (China oder Russland), denn unser Selbstverständnis als Demokraten beruht besonders auf dem Vertrauen in den durch seine Bürger kontrollierten Staat. Die Bevölkerung in ihrer spezifischen Rechtstradition hat dem Staat die Rolle des Hüters über Staatsgeheimnisse zugedacht, und der Rechtsstaat ist überprüfbar, lebt aber von dem Institutionen-Vertrauen der Bürger. Es kann durchaus als Demokratiedefizit gewertet werden, wenn Individuen in Übersee diese Stellung für sich in Anspruch nehmen und behaupten, sie führten die Weltbevölkerung durch das Stadium völliger politischer Transparenz in den Zustand wahrer und globaler Freiheit. Es darf nicht vergessen werden, dass ein Land ohnehin nur über die Informationen entscheiden kann, die nur die eigene Politik betreffen. Über die Veröffentlichung der vertraulichen Äußerungen anderer Staaten zu entscheiden, kann nicht im Sinne des westlichen Verständnisses von Demokratie und Staatsvolk sein.

Ausgerechnet in einer Zeit, in der die Transparenz zum eigenen Staatsvolk zugenommen hat und in denen ohnehin die Meinung herrscht, man könne nicht mehr frei reden, würde die antidemokratische Zwangstransparenz von Wiki-Leaks zur Intransparenz liberaler Staaten führen. Es kann als Paradoxon gesehen werden, dass Snowden-Anhänger für dessen politisches Asyl kämpfen und zeitgleich die vermeintliche Meinungsindifferenz einer Ära der großen Koalition kritisieren.

Die Folge der ungefilterten Transparenz ist eine große Unsicherheit, ob die Diplomaten untereinander oder im Verhältnis zu ihrer Regierung offen reden können. Während für Snowdens oder Assanges Weg des Vertrauensbruches mit bunt-pazifistischen Aufklebern geworben wird, muss die Diplomatie in den großen Konflikten mit Vertrauen, geheimen Gesprächen und gesichtswahrenden Lösungen zu Frieden und Freiheit beitragen. Es wäre fatal, wenn durch eine vertraulich geäußerte Bemerkung eines Diplomaten gegenüber seiner Regierung, die zufällig in einen geleakten Datensatz gerät, Friedensgespräche in Kriegsregionen verhindert würden, weil die Bemerkung einen Gesandten eines anderen Landes kränken könnten. Auch deutsche Diplomaten können von diesen zufälligen Veröffentlichungen betroffen sein, wenn sie als Unterhändler in den Bürgerkriegen in Nordafrika fungieren. Edward Snowden, Marthe Schwerdtlein und Julian Assange haben sicher nicht über die Bedeutung der diplomatischen Kränkung im Vorfeld großer Kriege in der Weltgeschichte nachgedacht.

Es muss auch ehrlich analysiert werden, welchen Wert eigentlich die Leaks der vergangenen Jahre hatten. Der Zugang zu Informationen – als ein Rohstoff unseres medialen Systems – heißt Macht. Leaks können auf Entscheidungsprozesse Einfluss nehmen, vielleicht mehr als der geleakten Information aus ihrem eigenen Gehalt bei „normaler" Veröffentlichung zustünde. Eine zweite Reflexion betrifft den Rezipienten der Information. Sind wir wirklich besser durch Assange informiert worden, als unser öffentlicher Zugang es vorher erlaubt hätte? Haben sich Bevölkerung und Presse nicht eher ablenken lassen von einer Masse an Geheimnissen, die schockierten, weil das Geheimnis obszön schien? Das Problem des Ungewissen, wie groß das Unbekannte, das Geheimnis ist, wird auch mit neuen Geheimnishütern nicht verschwinden. Oder sind unter allen Menschen, diese wenigen Einzelgänger über jeden

Verdacht des ökonomischen oder politischen Einzelinteresses erhaben, werden dadurch nicht poststaatliche Machtmenschen zu Führern gekürt?

Die Außenpolitik ist transparenter geworden, sie ist kontrollierbar und der Bürger kann mehr Informationen abrufen, als er es tatsächlich tut. Politiker und Diplomaten teilen sich regelmäßig mit, lassen sich nachdenkliche Fragen stellen und halten Vorträge oder stellen sich der Diskussion. Im Vorteil ist in dieser Transparenzgesellschaft der aktive Staatsbürger, der seine passive Haltung aufgegeben und den Nutzen persönlicher Kommunikation erkannt hat, der sich nicht mit der viel stärker gefilterten „Social-Media-Diplomatie" zufrieden gibt. Diese Bereitschaft zur Kommunikation auf beiden Seiten des außenpolitischen Dialogs ist ein Kern der demokratischen Gesellschaft. Dieser Mitgestaltungsprozess der Außenpolitik, in dem sich die Verbände, Gesellschaften, Stiftungen, Parteien und Kirchen schon lange sehr stark engagieren, ist ganz im Sinne des Art. 11 EUV und der viel älteren staatsbürgerlichen Tradition. Diese Tradition bezieht ihre Dynamik aus dem bürgerlichen Anspruch und Verlangen, dass Politik Rechenschaft ablegen muss und nicht, wie es der Art. 11 EUV vielleicht vermitteln mag, aus der etatistischen Zuwendung zum Bürger. Es ist eine langsamere, aber sehr viel effektivere Kommunikation, als die neue „Social-Media-Diplomatie", in der man über die Materie wenig erfährt, aber Teil einer Kommunikationsgemeinschaft sein darf. Die Dialogforen zwischen Zivilgesellschaft und Auswärtigem Amt sind wirkmächtiger als soziale Medien, weil sie über Kommunikation hinausgehen und Mitgestaltung ermöglichen, indem sie die Entfernung des Virtuellen abbauen und helfen, ein öffentliches Meinungsbild über die Arbeit staatlicher Institutionen zu schaffen. Die sozialen Medien sind für beide Seiten Mitteilungskanäle, aber der konstruktive Dialog kann durch sie nicht ersetzt werden.

Quellenverzeichnis

- Bagger, Thomas/Heynitz, Wolfram von: „Der vernetzte Diplomat": Von vernetzter Sicherheit zu einer „netzwerkorientierten Außenpolitik, in: Zeitschrift für Außen-und Sicherheitspolitik (5/2012), S. 49-61.
- Bröhmer, Jürgen: Transparenz als Verfassungsprinzip, Tübingen 2004,
- Evers, Marco u.a.: Zeit der Entschuldigungen, in: Spiegel 49/2010, S. 95.

Hanna Brauers

Transparenz als Voraussetzung effektiver Klimapolitik

Klimaschutz fällt auf den ersten Blick ein wenig aus dem Rahmen der anderen Kapitel dieses Buches. Politik, Datenschutz und Bürgerbeteiligung bestimmen zweifellos unseren Alltag, und außerdem sind Verknüpfungen zu Transparenz intuitiv herstellbar. Der vielfältige und deutlich zunehmende Einfluss von Klimapolitik auf unser tägliches Lebens ist jedoch für den Großteil der deutschen Bevölkerung derzeit noch nicht direkt sicht- und spürbar. Der menschengemachte Klimawandel ist eine globale Herausforderung nie dagewesenen Ausmaßes für heutige und zukünftige Generationen. Dieses Kapitel beleuchtet die Notwendigkeit größerer Transparenz von nationalen Regierungen hinsichtlich ihrer Ambition und den konkreten Maßnahmen ihrer Klimapolitik gegenüber anderen Staaten, aber auch der eigenen Bevölkerung. Es wird deutlich, dass nur so das Bewusstsein, die Verantwortlichkeit und die Rechenschaftspflichten geschaffen werden können, um effektive Klimaschutzpolitik, und somit die Begrenzung des Klimawandels auf ein akzeptables Niveau, zu ermöglichen.

Oft nehmen wir in Deutschland Klimapolitik nur mittelbar oder indirekt wahr: Vielleicht durch den starken Zubau an Windkraftanlagen und in diesem Zusammenhang Debatten über „Landschafts-Verspargelung" oder den Stromtrassen-Ausbau. Die internationale Klimapolitik erfreut uns, wenn der Einfluss von Deutschland auf dem Klimaverhandlungsparkett gelobt und unsere Energiewende als Vorreiter genannt wird. Dass jedoch die Preise an der Tankstelle schon heute nicht mehr nur von Verhandlungen der OPEC, sondern von der Verabschiedung des internationalen Klimaabkommens in Paris im Dezember 2015 mit beeinflusst werden, ist vielen nicht bewusst (Evans, 2016). Auch eine langanhaltende Dürre in Syrien von 2007 bis 2010 hängt sehr wahrscheinlich mit dem Klimawandel zusammen und führte zu einer massenhaften Umsiedlung der vormals ländlichen Bevölkerung in städtische Gebiete. Dies wird als einer der verstärkenden Gründe der umso fühlbareren heutigen Flüchtlingskrise angesehen (Powell, 2016).[1]

Dieses Kapitel verdeutlicht, wie stark die Klimapolitik bereits auf diverse andere Bereiche der heutigen Politik und Wirtschaft in Deutschland Einfluss nimmt und vor allem, wie drastisch sich dieser Einfluss auf nationaler und internationaler Ebene in den nächsten Jahren und Jahrzehnten ausweiten wird. Transparenz als Offenlegung von Informationen und Offenheit über Entscheidungsfindung in der Klimapolitik soll Bürgerinnen und Bürger sowie Konsumentinnen und Konsumenten dazu befähigen, die Informationsgeber, also Regierungen aber auch privatwirtschaftliche Akteure, zur Verantwortung ziehen zu können. Dadurch sollen Klimaschutz und Nachhaltigkeit gesteigert werden, was jedoch in Anbetracht des heutigen Niveaus von Klimaschutz bislang nur mäßig zu Erfolg geführt hat. Zusätzlich wird Transparenz aber auch als Schlüsselmaßnahme gesehen, um politische Entscheidungsfindungen zu rationalisieren und zu verbessern, Informationsasymmetrien zu verringern und Entscheidungen aufgrund technischer Expertise und fundierten wissenschaftlichen Erkenntnissen zu treffen. Transparenz steht in Zusammenhang mit einem Recht auf Wissen und dem Recht auf Verantwortlichkeit und Rechenschaftspflicht von Regierungen und Unternehmen. Klimaschutzpolitik steht jedoch starken Interessensgruppen gegenüber, wie denen der fossilen Energieträger-Lobby und anderen staatlichen Prioritäten wie wirtschaftlichem Wachstum (Gupta und Mason, 2015). Damit überhaupt die

---

[1] Das Thema *Klimaflüchtlinge* erhält immer größere Beachtung, auch ausgelöst durch die derzeitige Flüchtlingskrise. Zum Vergleich des potentiellen Ausmaßes: Laut *Eurostat* beantragten während des Jahres 2015 ca. 1,3 Millionen Menschen Asyl in der EU, während Schätzungen des UNHCR (UN Flüchtlingskommissariat) bis zum Jahr 2050 von 50 bis 200 Millionen Menschen ausgehen, die durch die Auswirkungen des Klimawandels ihre Heimat verlassen werden (Eurostat, 2016; Naser, 2012).

sich die Weltgemeinschaft, die Klimaerwärmung auf unter 2°C, und möglichst auf 1,5°C zu begrenzen (UNFCCC, 2015). Eine einzige Zahl macht deutlich, wie ambitioniert das Ziel von 1,5°C ist: Der derzeitige mittlere Anstieg der globalen Temperatur im Vergleich zum vorindustriellen Niveau betrug 2015 bereits über 1°C (Met Office, 2015).

Es kann kaum genug hervorgehoben werden, wie groß der erzielte diplomatische Erfolg des Pariser Abkommens ist. Alle 197 Länder mit den unterschiedlichsten wirtschaftlichen Entwicklungsständen, Verantwortlichkeiten für den Klimawandel, Abhängigkeiten von fossilen Energieträgern und bedrohten Lebensräumen haben sich im Konsens auf das Abkommen geeinigt. Hierin verpflichten sich die Staaten gemeinsam, noch innerhalb dieses Jahrhunderts die Emissionen der Weltwirtschaft auf Netto-Null zu senken. Netto-Null Emissionen ist effektiv ein anderer Ausdruck für Dekarbonisierung, was das Ende des Zeitalters konventioneller fossiler Energieträger bedeutet. Um in Kraft zu treten, muss das Abkommen von mindestens 55 Ländern ratifiziert werden, die insgesamt mehr als 55% der globalen Treibhausgasemissionen repräsentieren (Brauers und Richter, 2016). Am 22. April 2016 hatten bereits 175 Länder das Paris Abkommen unterschrieben und ihre Bereitschaft zur Ratifizierung signalisiert (The Guardian, 2016).[2]

Aber warum braucht die Welt dieses Abkommen überhaupt und was hat dieses mit Transparenz zu tun? Dafür ist zunächst ein Blick nötig auf die Faktoren, die den Klimawandel verstärken und auf die Frage, warum dieses Problem nicht von einzelnen Staaten im Alleingang gelöst werden kann. Den Schutz der Atmosphäre als Tragik eines globalen Allgemeinguts (Edenhofer et al., 2012) zu begreifen ist ein weiterer Schritt, den wir benötigen, um die Rolle von Transparenz in der Klimapolitik zu analysieren. Sie macht nicht nur internationale, sondern globale Kooperation notwendig und diese wäre ohne Transparenz schlichtweg nicht möglich: Denn ohne Transparenz kein

---

[2] Die Ratifizierung stellt jedoch einen komplexeren rechtlichen Prozess für die meisten Staaten dar, vor allem in einer Gemeinschaft diverser Staaten, wie beispielsweise der Europäischen Union. Für den aktuellen Stand der Ratifizierung siehe: http://cait.wri.org/indc/#/ratification.

Vertrauen, keine Verantwortlichkeit und demzufolge auch keine ausreichende Ambition und kein effektiver Klimaschutz.

Eine besondere Eigenschaft, welche die globale Erwärmung charakterisiert, ist, dass sie nicht ausschließlich durch den derzeitigen Ausstoß von Emissionen, sondern durch die Akkumulation von Treibhausgasen in der Atmosphäre bestimmt wird.[3] Irrelevant ist außerdem, wo und durch welche Prozesse die Treibhausgase emittiert werden – ob durch Kohlekraftwerke in Deutschland, Fleischproduktion in den USA oder steigende Automobilnutzung in China – alle tragen zum Anstieg der Konzentration von CO2 in der Atmosphäre und somit zur Erwärmung bei. Ausschlaggebend für den Temperaturanstieg sind demzufolge sowohl alle Emissionen, die seit der Industrialisierung bereits erfolgt sind, als auch alle zukünftigen Emissionen.[4] Während der überwiegende Anteil der historischen Emissionen von den heutigen Industrie- und Schwellenländern zu verantworten ist, werden zukünftige Generationen in Ländern, die kaum zu dem Problem beigetragen haben, die stärksten Folgen des Klimawandels erleiden. Jede und jeder Einzelne hat den gleichen Zugang (und zumindest in der Theorie das gleiche Recht), um die Atmosphäre als Senke („Deponie") für CO2 zu verwenden, was zu einer Übernutzung der Atmosphäre als Ressource führt. Im Zusammenhang mit der sogenannten Trittbrettfahrerproblematik wird der Klimawandel deshalb auch als „intergenerationelle Tragik der Allgemeingüter" bezeichnet.[5] Denn warum sollte beispielsweise Deutschland seine Ziele im Klimaschutz erhöhen und eventuell die eigene Wirtschaft schädigen, wenn alle anderen weitermachen wie

---

[3] Als wichtigste Treibhausgase sind vor allem Wasserdampf, das langlebige CO_2 und Methan zu nennen. Beiträge zum Klimawandel leisten jedoch unzählige weitere Treibhausgase. Das Treibhauspotential beschreibt die relativen Beiträge der jeweiligen Gase zur Erwärmung und wird in CO_2-Äquivalenten angegeben (IPCC, 2007a). Da Kohlenstoffdioxid (CO_2) derzeit den größten Anteil zum menschengemachten Klimawandel beiträgt, wird im Folgenden, wie auch im öffentlichen Diskurs, vereinfacht von CO_2 gesprochen.
[4] Während die Verweildauer von mehr als der Hälfte der neu emittierten CO_2 Menge weniger als ein Jahrhundert beträgt, können um die 20% mehrere Jahrtausende in der Atmosphäre verweilen (IPCC, 2007b).
[5] Ein öffentliches Gemeingut steht kostenlos für alle zur Verfügung. Dies kann, wie im Fall der Atmosphäre, einem globalen Allgemeingut, zu Übernutzung führen, die allen schadet. Die Tragik besteht darin, dass ein Anreiz besteht sich als Trittbrettfahrer zu verhalten und nicht zu kooperieren, selbst wenn alle von einer nachhaltigen Nutzung des Gemeinguts (in diesem Fall der Atmosphäre) profitieren würden (Edenhofer et al., 2012).

bisher? Oder warum sollte Indien sein derzeitiges Wachstum und die gleichzeitig sinkende Armut riskieren, obwohl das Land kumulativ wesentlich weniger als die USA und Europa für die bisherige Erwärmung verantwortlich ist? Ohne eine globale Einigung steckt die Welt also in einem Dilemma, in dem kein einzelner Staat handeln will und kann.

Tatsache ist jedoch auch: Schaffen wir es jetzt nicht global umzudenken und gemeinsam die Dekarbonisierung zu erreichen, wird das Zusammenleben von Menschen auf diesem Planeten in der heutigen Form schon Ende dieses Jahrhunderts nicht mehr möglich sein. Das Paris Abkommen bündelt alle nationalen Klimaschutzpläne, die im Rahmen der Klimarahmenkonvention der Vereinten Nationen veröffentlicht werden müssen. Es handelt sich hierbei um die sogenannten NDCs – Nationally Determined Contributions. Die NDCs machen die bedeutsame Rolle von Transparenz für Klimapolitik auf internationaler Ebene unmissverständlich. Eine der Berichtspflichten innerhalb der Klimarahmenkonferenz ist das Treibhausgasinventar, das sämtliche Emissionen eines Landes bilanziert. In den NDCs legen die Länder davon ausgehend ihre Emissionsminderungsziele fest. Nur durch diese Veröffentlichung der derzeitigen Emissionen der einzelnen Länder und ihrer Emissionsminderungsziele ist es möglich, zu errechnen, auf welche Temperaturerhöhung die Weltgemeinschaft gerade zusteuert. Ohne diese Offenlegung wüssten wir nicht, dass wir mit der derzeitigen Aggregation aller NDCs, also die bislang ambitionierteste Klimapolitik, zu der die Staaten bereit sind, die Verpflichtung zu einer geringeren Erwärmung als 2°C weit verfehlen (Schätzungen wie die von Climate Interactive (2016) gehen bis zum Jahr 2100 von etwa 3,5°C aus).

Transparenz in der internationalen Klimapolitik ist also zum einen aus dem Grund notwendig, dass wir ermitteln können, auf welche Zukunft wir zusteuern und somit auch wissen, dass die derzeitige Klimapolitik nicht ausreicht, um ein gefährliches Niveau des Klimawandels zu vermeiden. Es gibt auf der anderen Seite aber auch den Ländern untereinander Sicherheit über die jeweiligen Absichten und verringert damit die Trittbrettfahrerproblematik und erhöht Kooperationsbereitschaft. Im Konzept um die NDCs ist verankert, dass sie nur nach oben korrigiert, also mit mindestens gleichen oder gesteigerten Ambitionen veröffentlicht werden können. Alle fünf Jahre müssen neue Ziele veröffentlicht werden und ein gemeinsamer Report untersucht die Auswirkungen auf das Klima (UNFCCC, 2015). Durch die gegenseitige Offenheit können sich die Länder vergleichen und ihre Klimaschutzbemühungen dann weiter nach oben schrauben. Zwischenstaatliche Kooperation wird durch die verringerte Informationsasymmetrie erhöht. Als weitere Absicherung werden zahlreiche bilaterale Abkommen geschlossen, beispielsweise zwischen China und den USA, in denen sich Staaten gegenseitig versichern, dass sie Klimaschutzmaßnahmen ergreifen werden (The White House, 2016).

Außer dem Vertrauen, das durch die Transparenz der NDCs geschaffen wird, erhöht sich zudem die Rechenschaftspflicht. Staaten bekennen sich öffentlich zu ihren Zielen, die für jede und jeden zugänglich auf den Seiten der UNFCCC einzusehen sind. Dies schafft einen Überprüfungsrahmen, mit dem sich die Länder gegenseitig kontrollieren können. Das Paris Abkommen verfügt ansonsten über keinerlei offizielle Sanktionsmöglichkeiten. Diese Rolle kommt allein dem sogenannten „naming and shaming" zu, wenn die NDCs selbst oder deren Nichteinhaltung öffentlich kritisiert werden. Als Folge davon wären beispielsweise Handelssanktionen außerhalb des Klimaschutzrahmens denkbar. Neben der Rechenschaftspflicht der Staaten untereinander werden die Klimaziele außerdem auch für die Zivilgesellschaft einsehbar und angreifbar.

Als besonders prominentes Beispiel sind hier die Niederlanden zu nennen. In Folge einer nationalen Klimapolitik, die nicht mit der 2°C-Begrenzung vereinbar war, klagte die Bevölkerung gegen den eigenen Staat – und bekam Recht. Die Niederlanden müssen nach dem Gerichtsurteil ihre Emissionen in den nächsten fünf Jahren um mindestens 25% reduzieren, da die vorherigen Reduktionsziele nicht mit den Ausmaßen der Gefahr, die der Klimawandel darstellt, vereinbar waren (The Guardian, 2015). Die Niederlande sind kein Einzelfall. Es werden immer mehr gerichtliche Verfahren gegenüber Regierungen, Pensionsfonds oder auch Unternehmen ausgetragen, um stärkeren Klimaschutz, Desinvestition aus fossilen Energieträgern oder finanzielle

Kompensation durch Klimaschäden zu fordern und mehr zwischenstaatliche und intergenerationelle Gerechtigkeit zu erzielen.

Nur durch Transparenz wurden diese Veränderungen ermöglicht. Doch noch besteht ein großer Spielraum, um die Offenlegung in der Klimapolitik weiter zu verbessern. Innerhalb der Klimarahmenkonvention stellt der „Measurement, Reporting and Verification framework" (MRV; Messung, Berichterstattung und Überprüfung) bislang den Hauptansatz für Transparenz dar (UNFCCC, 2014). Dieser Rahmen beinhaltet Regeln zur Ermittlung und Veröffentlichung wesentlicher Daten, ermöglicht die Anerkennungen von Klimaschutzbemühungen und wurde geschaffen, um Vertrauen und Zuversicht zwischen nationalen und internationalen Stakeholdern zu schaffen (Dagnet et al., 2014).

"It is often said that we cannot manage what we cannot measure, and we cannot assess the likely impacts of what we struggle to predict."

The New Climate Economy, 2014.

Paris hebt hervor, dass Berichterstattung und Transparenz vereinfacht und verbessert werden müssen. Insgesamt wird das Wort „Transparenz" auf den 32 Seiten des COP21 Abschlussdokuments und des Paris Abkommens 31 Mal erwähnt. In Artikel 13 des Paris Abkommens wird der „enhanced transparency framework for action and support'" ins Leben gerufen. Dieser neue Rahmen soll gemeinsames Vertrauen und Zuversicht schaffen und außerdem die effektive Implementierung des Abkommens fördern. Es kann nicht kontrolliert werden, was nicht vergleichbar gemessen wird. Dementsprechend wurde vereinbart, welche Daten und Berichte veröffentlicht werden müssen und gemeinsame, internationale Prüfungen festgelegt. Zum ersten Mal sind nun auch (im Rahmen ihrer Möglichkeiten) für Entwicklungsländer Berichtspflichten über ihren Emissionsausstoß und die Veröffentlichung der NDCs verbindlich. Der Transparenzmechanismus wird als großer Erfolg des Abkommens angesehen. Er soll ein klares Verständnis des Klimawandels schaffen, die Ziele der einzelnen Länder sollen auf Eindeutigkeit sowie auf den Fortschritt der Zielerfüllung überprüft werden. Neben den Emissionsreduktionszielen werden außerdem finanzielle sowie technologische und kapazitätsbildende Unterstützungen von anderen Ländern untersucht.[6] Die Veröffentlichung von Informationen dient vor allem dem „global stocktake", das ab 2023 im fünf Jahres-Rhythmus die Umsetzung des Paris Abkommens untersuchen soll. Es soll ein klares Bild geschaffen werden, wie weit die Weltgemeinschaft von ihrem Ziel ein gefährlich hohes Level des Klimawandels zu vermeiden, entfernt ist. Die damit ermöglichten wissenschaftlichen Erkenntnisse sollen dazu führen, dass sowohl auf nationaler Ebene die Klimaschutz-Ambitionen erhöht, als auch internationale Kooperation gefördert werden. Derzeit werden viele Daten noch nicht mit einheitlichen Definitionen, Vorgaben und Methoden veröffentlicht. Dies erschwert Vergleichbarkeit zwischen Staaten und Genauigkeit der Abschätzung für Gesamteffekte (OECD/IEA 2016). Der neue Transparenz-Rahmen soll dies verbessern. Er ist außerdem dafür gedacht, nationale Institutionen zu stärken, die für Transparenz im eigenen Land zuständig sind. Es sollen Werkzeuge, Schulungen und Unterstützung bereitgestellt werden, damit die Länder ihren Berichtspflichten tatsächlich nachkommen können und die Transparenz weiter verbessert wird (UNFCCC, 2015).

Neben weiteren Verhandlungen auf dem internationalen Klimaparkett sind vor allem konkrete nationale Bemühungen gefragt, um die Wirtschaft von der Verwendung fossiler Energieträger zu entkoppeln. Die EU hat sich dafür Vorgaben wie beispielsweise die 20-20-20 Klimaziele gesetzt.[7] Sowohl die Ziele für das Jahr 2020 als auch für 2030 sind jedoch nicht ambitioniert genug, um die 1,5°C-Grenze einzuhalten (Climate Action Tracker, 2016). Nichtsdestotrotz zeigen sie auf, in welche Richtung die Entwicklung geht und bieten mit konkreten Maßnahmen wie den Emissionsrichtlinien und dem

---

[6] Hierbei handelt es sich hauptsächlich um die Unterstützung von Entwicklungsländern ohne ausreichende finanzielle Mittel und etablierte Institutionen, die NDCs erstellen und umsetzen können.

[7] Die EU-weiten Ziele für den Klimawandel und nachhaltige Energiewirtschaft lauten: 20% Treibhausgasemissionsreduktion bis 2020 gegenüber 1990, den Anteil erneuerbarer Energien auf 20% zu erhöhen und die Energieeffizienz um 20% zu steigern (Europäische Kommission, 2015).

Emissionshandel Unterstützung sowie eine Orientierungshilfe für Unternehmen. Diese Transparenz schafft Anreize für neue Investitionen in Technologien wie erneuerbare Energien, Speicher oder Effizienzmaßnahmen und gibt Impulse, aus alten, auf fossilen Energieträgern basierenden Kraftwerken oder Produkten auszusteigen. Doch selbst auf EU-Ebene ist die konsistente Berichterstattung und Analyse noch eine Herausforderung. Kennzahlen werden von Mitgliedsstaaten unterschiedlich veröffentlicht und sind somit nicht uneingeschränkt vergleichbar. Planung und Berichterstattung der Mitgliedsstaaten müssen weiterhin vereinheitlicht werden, um Transparenz zu schaffen, die vergleichbare und verlässliche Daten und Informationen für Analysen liefert (EEA, 2015).

Deutschland beteiligt sich am europäischen Klimaschutzziel und dem gemeinsamen EU-NDC. Zusätzlich hat sich die Bundesregierung auch eigene Ziele gesetzt, wie beispielsweise die CO_2-Emissionen bis 2020 um 40 Prozent und bis 2050 um 80 bis 95 Prozent im Vergleich zu 1990 zu senken (BMWi, 2016). Die deutsche Energiewende ist weltweit ein prominentes Beispiel dafür, wie die Transformation zu erneuerbaren Energien gefördert, die Energieeffizienz gesteigert und ein Atomkraftausstieg gemeistert werden kann. Außer den nationalen Zielen haben auch einzelne Bundesländer wie Nordrhein-Westfalen, Rheinland-Pfalz, Baden-Württemberg und Bremen Klimaschutzgesetze veröffentlicht (Klimaretter.info, 2015). Zusätzlich haben sich auch Städte und Gemeinden ambitionierte Klimaschutzziele gesetzt (DStGB, 2016). Ein bislang noch nicht durchgeführter Schritt besteht darin, die Ziele auch auf nationaler Ebene in konkrete Gesetzgebung umzusetzen. Dies würde die reine Transparenz über die Ziele in Verbindlichkeit, Planungs- und Rechtssicherheit verwandeln. Jedoch besteht schon jetzt durch die Offenlegung der Ziele für die Öffentlichkeit ein potentieller Sanktionscharakter (Rodi et al., 2015).

Es besteht also Transparenz über die Ziele, meist aber nicht über die konkrete Strategie und die Maßnahmen, wie die Ziele erreicht werden können. Außerdem muss eine offenere Diskussion darüber entstehen, dass bestehende Ziele von der EU und einzelnen Mitgliedstaaten wie Deutschland bislang zum einen oft verfehlt werden und diese zum anderen nicht ausreichend ambitioniert sind, um auf globalem Niveau gemachte Versprechungen einzuhalten. Nur wenn der Zivilgesellschaft transparent von Wissenschaft und Politik aufgezeigt wird, in welche Zukunft wir steuern und was für gravierende Konsequenzen diese haben wird, können die notwendigen Entscheidungen getroffen werden, welche uns die Transformation in eine dekarbonisierte Welt ermöglichen.

Weiterhin besteht die Frage, ob die heutigen Klimaziele wirklich aufzeigen, wohin sich die Weltwirtschaft entwickelt. Die internationalen Klimaverhandlungen beschäftigen sich seit über 20 Jahren mit dem Ziel, gefährlichen Klimawandel zu vermeiden und viele Versprechungen wurden bereits vor langer Zeit gemacht – und dennoch steigen die Emissionen weiter. Nur wenig von dem, was beispielsweise die G20 Staaten versprochen haben, wurde wirklich umgesetzt (Etwa die Abschaffung der Subventionen für fossile Energieträger; Wilson, 2015). Wir müssen also nicht nur weiter an der Verbesserung der Transparenz arbeiten sondern vor allem auch an der Einhaltung von Zusicherungen. Nationalstaaten müssen die Verantwortlichkeit für den Ausstoß an Treibhausgasen in ihren Haushalten und für ihre Klimafinanzierung deutlich machen, auch um die Verbindlichkeit von öffentlichen und privaten Maßnahmen zu stärken und Planungssicherheit für Investoren zu schaffen (E3G Research Team, 2010). Nur wenn von der politischen Seite Transparenz gefördert wird, kann auch der Erfolg von unternehmerischen Initiativen wie beispielsweise dem Carbon Disclosure Project gesteigert werden.[8]

Das grundsätzliche Fazit ist simpel: Ohne Transparenz keine effektive internationale Klimapolitik. Die ersten Schritte zur Offenheit sind gelegt, aber es besteht noch ein großer Spielraum, um die Transparenz bei der Veröffentlichung von Emissionsdaten und beabsichtigten Klimaschutzplänen zu verbessern. Nur so wird der Weg zu wesentlich stärkeren Bemühungen frei. Ohne

---

[8] Es besteht ein riesiges Potenzial in der Privatwirtschaft, auch durch freiwillige Maßnahmen Emissionen zu senken und sich durch Transparenz über Klimaschutzmaßnahmen einen Wettbewerbsvorteil zu schaffen. Aufgrund der Kürze des Beitrags kann hierauf jedoch nicht tiefergehender eingegangen werden.

weitere, schnellere, gemeinsame Maßnahmen zur Dekarbonisierung der Weltwirtschaft, sind wir von einer Welt, die die sich „nur" um 1,5°C erwärmen wird, noch weit entfernt. Das nie zuvor dagewesene Ausmaß einer globalen Herausforderung, wie dem Klimawandel, der langfristige Zeitraum der Auswirkungen, und der kurze Zeitraum, in dem noch ein gefährliches Niveau der Erwärmung verhindert werden kann, paralysieren uns. Zudem erschweren die Unsicherheiten über die genauen lokalen zukünftigen Veränderungen des Klimas, der Anstieg des Meeresspiegels, der Auswirkungen auf Ernten, Biodiversität, Wasser, etc., kurzfristige Lösungen fundamental. Trotz unterschiedlichen Religionen, Kulturen, Werten, Gerechtigkeitsvorstellungen, finanziellen und technologischen Möglichkeiten, Armut und Entwicklungsständen muss global gemeinsam gehandelt werden. Denn wie zu Beginn erläutert, ist die Herausforderung Klimawandel nur durch globale Kooperation zu meistern. Der Klimawandel stoppt nicht an Grenzen und Klimastabilität ist ein öffentliches, globales Gut und erfordert kollektives Handeln, auf regionaler, nationaler und internationaler Ebene (E3G Research Team, 2010). Dies ist nur möglich, wenn Transparenz weiter verstärkt wird, sodass sich die Länder des gemeinsamen Weges sicher sind und die eigene Wirtschaft nicht alleinstehend in Gefahr sehen. Ohne verstärkte Transparenz über nationale Klimaschutzpolitik und außerdem Unterstützung von Ländern mit weniger Ressourcen zur Vermeidung und Anpassung des Klimawandels, wird es keine ausreichende Kooperation geben. Transparenz und Rechenschaftspflicht sind wesentliche Voraussetzungen, um sicher zu stellen, dass der Klimawandel auch als zentral für nationale Interessen angesehen wird (E3G Research Team, 2010).

Der Klimawandel und dessen globale Ausmaße sind schwer begreifbar, aber lokale Auswirkungen sind alarmierend und schon heute nicht mehr zu ignorieren. Sie reichen von nie dagewesenen Extremwetterereignissen, bis hin zu versinkenden Inselstaaten. Effekte sind einerseits Dürren und andererseits Überflutungen. Sinkende Ernteerträge, schwindendes Trinkwasser, unerträgliche Temperaturen und Lebensbedingungen, die viele Menschen zu Klimaflüchtlingen machen werden. Noch ist es in Deutschland leicht, den derzeit noch nicht spürbaren Klimawandel von uns weg zu schieben. In Ländern wie Indien, wo Bauern schon jetzt Trinkwasser stehlen müssen, weil ihre Brunnen versiegen oder in Venezuela, wo eine zwei-Tage-Arbeitswoche eingeführt wurde, weil mit schwindendem Wasser nicht mehr genug Strom produziert werden kann, ist der Klimawandel schon heute bedrohlicher Alltag[9]. Aber nicht nur in Ländern mit vermeintlich geringer Anpassungsfähigkeit sind die Auswirkungen spürbar: Die New York Times veröffentlichte im Mai 2016 einen Artikel mit dem Titel „Resettling the first American Climate Refugees", in dem sie die ersten Amerikaner porträtiert, die offiziell durch Klimaeffekte umsiedeln müssen. Wir müssen uns bewusst machen, dass der Klimawandel überall auf der Welt sämtliche Lebensbereiche betreffen wird, sollten wir uns weiter mit dem Klimaschutz Zeit lassen.

Eine globale, gemeinsame Transformation unserer derzeit von fossilen Energieträgern abhängigen Wirtschaft, unserer Energie-, Transport-, Wohnungs- und Industriesektoren hin zu Treibhausgasfreiheit steht bevor. Politik, Wirtschaft und Zivilgesellschaft sind gefragt, diesen Wandel in den nächsten Jahren mit rasanter Beschleunigung voran zu treiben. Transparenz bietet die Chance, die Rechenschaftspflicht unserer Regierungen zu erhöhen. Sie hilft jedoch nur, wenn wir uns auch tatsächlich die bereitgestellten Informationen zu Nutze machen und als informierte Bürger*innen aktiv an der Politik beteiligen. Nur durch die proaktive Forderung, dass die versprochenen Ziele tatsächlich umgesetzt und die konstatierten Verantwortlichkeiten übernommen werden, kann die Transformation tatsächlich stattfinden. Transparenz alleine reicht nicht aus, um den Wandel herbeizuführen, sondern ist ein Mittel um Verantwortung und Rechenschaftspflicht einfordern zu können.

Jede vermiedene Tonne Treibhausgas zählt. Jede und jeder hat die Möglichkeit, durch ein stärkeres Bewusstsein für die Bedeutung des eigenen Verhaltens einen Beitrag zu leisten. Klimaschutz sollte nicht nur aus Angst vor den katastrophalen Konsequenzen, die der Klimawandel zur Folge haben wird, in

---

[9] Derzeit ist es noch nicht möglich mit vollständiger Sicherheit zu belegen, dass ein einzelnes Wetterereignis durch den Klimawandel ausgelöst wurde. Es ist jedoch sehr wahrscheinlich, dass der Wassermangel in Venezuela auf den Klimawandel zurückzuführen ist.

unserem persönlichen und im nationalen Interesse jedes Staates liegen. Denn eine positive Seite hat auch der Klimawandel: Es besteht die Möglichkeit, eine Zukunft mit höherer Lebensqualität zu schaffen. Mit besserer Luft zum Atmen, höherer Energiesicherheit, verbesserter öffentlicher Mobilität, einer gerechteren Gesellschaft, größerer Gemeinschaft und besserer Gesundheit. Durch den Wandel entstehen zudem diverse Investitionschancen und vielfältige neue Arbeitsplätze. Um mit einem Zitat einer der wichtigsten Personen der internationalen Klimaverhandlungen zu schließen: „Impossible is not a fact, it's an attitude" (Christina Figueres).

Quellenverzeichnis

– Anderson, Kevin (2011): Climate Change: going beyond dangerous … brutal numbers & tenuous hope or cognitive dissonance? Tyndall Centre, University of Manchester. Öffentliche Präsentation am Department for International Development (DFID), Großbritannien. http://de.slideshare.net/DFID/professor-kevin-anderson-climate-change-going-beyond-dangerous. Heruntergeladen am 01.05.2016.

– BMWi (Bundesministerium für Wirtschaft und Energie, 2016): Klimaschutz. http://www.bmwi.de/DE/Themen/Industrie/Industrie-und-Umwelt/klimaschutz,did=338374.html. Heruntergeladen am 01.05.2016.

– Brauers, Hanna und Philipp M. Richter (2016): The Paris Climate Agreement: Is It Sufficient to Limit Climate Change? DIW Berlin, Roundup 91, 2016. https://www.diw.de/documents/publikationen/73/diw_01.c.526889.de/diw_roundup_91_en.pdf. Heruntergeladen am 01.05.2016.

– Climate Action Tracker (2016): Countries – EU. http://climateactiontracker.org/countries/eu.html. Heruntergeladen am 16.04.2016.

– Climate Interactive (2016): Climate Scoreboard – UN Climate Pledge Analysis. https://www.climateinteractive.org/programs/scoreboard/. Heruntergeladen am 16.04.2016.

– Cook, John, Naomi Oreskes, Peter T. Doran, William R.L. Anderegg, Bart Verheggen, Ed W. Maibach, J. Stuart Carlton, Stephan Lewandowsky, Andrew G. Skuce, Sarah A. Green, Dana Nuccitelli, Peter Jacobs, Mark Richardson, Bärbel Winkler, Rob Painting und Ken Rice (2016): Consensus on consensus: a synthesis of consensus estimates on human-caused global warming. In: Environmental Research Letters. Vol. 11, S. 1-7. http://iopscience.iop.org/1748-9326/11/4/048002. Heruntergeladen am 03.04.2016.

– Dagnet, Yamide, Teng Fei, Cynthia Elliott, und Yin Qiu (2014): Improving Transparency and Accountability in the Post-2020 Climate Regime: A Fair Way Forward. Working Paper. Washington, DC: Agreement for Climate Transformation 2015 (ACT 2015). http://act2015.org/ACT%202015_Improving%20Transparency%20and%20Accountability.pdf. Heruntergeladen am 03.04.2016.

- DStGB (Deutscher Städte- und Gemeindebund; 2016): Kommunaler Klimaschutz. http://www.dstgb.de/dstgb/Homepage/Schwerpunkte/Klimaschutz/. Heruntergeladen am 22.05.2016.

- EEA (European Environment Agency; 2015): Trends and projections in Europe 2015 – Tracking progess towards Europe's climate and energy targets. EEA Report No. 4/2015, Kopenhagen, ISSN 1977-8449.

- Europäische Kommission (2015): Europa-2020-Ziele. http://ec.europa.eu/europe2020/europe-2020-in-a-nutshell/targets/index_de.htm. Heruntergeladen am 10.04.2016.

- Evans, Simon (2016): Oil below $30: what does it mean for action on climate change? Carbon Brief, Oil and Gas, 18. Januar 2016. http://www.carbonbrief.org/oil-below-30-what-does-it-mean-for-action-on-climate-change. Heruntergeladen am 03.04.2016.

- The Guardian (2015): Dutch government ordered to cut carbon emissions in landmark ruling. Arthur Neslon in The Guardian, 24. Juni 2015. http://www.theguardian.com/environment/2015/jun/24/dutch-government-ordered-cut-carbon-emissions-landmark-ruling. Heruntergeladen am 25.04.2016.

- The Guardian (2016): The Guardian view on the UN climate change treaty: now for some action. The Guardian Editorial, 24. April 2016. http://www.theguardian.com/commentisfree/2016/apr/24/the-guardian-view-on-the-un-climate-change-treaty-now-for-some-action. Heruntergeladen am 25.04.2016.

- E3G Research Team (2010): Climate Change - New Frontiers in Transparency and Accountability. Transparency & Accountability Initiative, London, 2010. https://www.e3g.org/docs/E3G_Climate_Change_New_Frontiers_in_Transparency_and_Accountability.pdf. Heruntergeladen am 01.04.2016.

- Edenhofer, Ottmar, Christian Flachsland und Bernhard Lorentz (2012): Die Atmosphäre als globales Gemeingut. http://band1.dieweltdercommons.de/essays/edenhofer-die-atmosphare-als-globales-gemeingut/. Heruntergeladen am 15.04.2016.

- Eurostat (2016): Asylum Statistics. Statistics explained. http://ec.europa.eu/eurostat/statistics-explained/index.php/Asylum_statistics. Heruntergeladen am 15.04.2016.

- Gupta, Aarti und Michael Mason (2015): Disclosing or obscuring? The politics of transparency in global climate governance. In: Current Opinion in Environmental Sustainability. Vol. 18. S. 82-90. http://dx.doi.org/10.1016/j.cosust.2015.11.004. Heruntergeladen am 03.04.2016.

- IPCC (Intergovernmental Panel on Climate Change; 2007a): IPCC Fourth Assessment Report: Climate Change 2007 - Climate Change 2007: Working Group I: The Physical Science Basis. Frequently Asked Question 1.3 - What is the Greenhouse Effect? https://www.ipcc.ch/publications_and_data/ar4/wg1/en/faq-1-3.html. Heruntergeladen am 13.05.2016.

- IPCC (Intergovernmental Panel on Climate Change; 2007b): IPCC Fourth Assessment Report: Climate Change 2007 - Climate Change 2007: Working Group I: The Physical Science Basis. Frequently Asked Question 10.3 - If Emissions of Greenhouse Gases are Reduced, How Quickly do Their Concentrations in the Atmosphere Decrease? https://www.ipcc.ch/publications_and_data/ar4/wg1/en/faq-10-3.html. Heruntergeladen am 13.05.2016.

- Klimaretter.info (2015): Bremen beschließt Klimaschutzgesetz. In: Klimaretter.info, 10. Februar 2015. http://www.klimaretter.info/politik/nachricht/18158-bremen-beschliesst-klimaschutzgesetz. Heruntergeladen am 03.04.2016.
- Met Office (2015): Global climate in context as the world approaches 1°C above pre-industrial for the first time. http://www.metoffice.gov.uk/research/news/2015/global-average-temperature-2015. Heruntergeladen am 03.04.2016.
- Naser, Mostafa Mahmud (2012): Climate Change, Environmental Degradation, and Migration: A Complex Nexus. In: William & Mary Environmental Law and Policy Review. Vol. 36 (3), S. 713-768. http://scholarship.law.wm.edu/cgi/viewcontent.cgi?article=1550&context=wmelpr. Heruntergeladen am 03.04.2016.
- New Climate Economy (2014): Better Growth, Better Climate. The New Climate Economy Report – The Synthesis Report. The Global Commission on the Economy and Climate, Washington, 2014.
- OECD/IEA (2016): Unpacking Provisions Related to Transparency of Mitigation and Support in the Paris Agreement. Gregory Briner and Sara Moarif. Climate Change Expert Group. Paper No. 2016(2). OECD/IEA, Paris, 2016.
- Powell, Jacob (2016): Climate Change Contributes to Worst Middle East Drought in 900 Years. Centre for Research on Globalization. http://www.globalresearch.ca/climate-change-contributes-to-worst-middle-east-drought-in-900-years/5518687. Heruntergeladen am 01.05.2016.
- Rodi, Michael und Uta Stäsche (2015): Rechtlich-institutionelle Verankerung der Klimaschutzziele der Bundesregierung. Weitere Autoren: Ulf Jacobshagen, Markus Kachel, Dörte Fouquet, Angela Guarrata, Jana Viktoria Nysten, Jens Nusser, und Michael Halstenberg. Gutachten im Auftrag des Bundesministeriums für Umwelt, Naturschutz, Bau und Reaktorsicherheit. Hrsg.: Institut für Klimaschutz, Energie und Mobilität (IKEM). Berlin, 2015.
- UNFCCC (2014): Handbook on Measurement, Reporting and Verification for Developing Country Parties. United Nations Climate Change Secretariat, Bonn, 2014. https://unfccc.int/files/national_reports/annex_i_natcom_/application/pdf/non-annex_i_mrv_handbook.pdf. Heruntergeladen am 15.04.2016.
- UNFCCC (2015): Adoption of the Paris Agreement. http://unfccc.int/resource/docs/2015/cop21/eng/l09r01.pdf. Heruntergeladen am 01.04.2016.
- The White House (2016): U.S.-China Joint Presidential Statement on Climate Change. The White House - Office of the Press Secretary, 31. März 2016. https://www.whitehouse.gov/the-press-office/2016/03/31/us-china-joint-presidential-statement-climate-change. Heruntergeladen am 01.05.2016.

- Wilson, Megan (2015): Fossil Fuel Subsidies, Climate Finance and the G20 – A Heated Debate to nowhere. In: Global Policy, 2015. http://www.globalpolicyjournal.com/sites/default/files/inline/files/Wilson%20-%20Fossil%20Fuel%20Subsidies,%20Climate%20Finance%20and%20the%20G20%20-%20A%20Heated%20Debate%20to%20nowhere.pdf. Heruntergeladen am 22.05.2016.

Georg Dietlein

Transparenz in der Kirche

Die Sorge um größtmögliche Transparenz stand bei der römisch-katholischen Kirche in den vergangenen Jahren auf der Prioritätenliste ganz oben. Die Bemühung um nachvollziehbare und nachprüfbare Strukturen und Systeme hat insbesondere die römisch-katholische Kirche in Deutschland besonders geprägt und beschäftigt. Ausgangspunkt dieser Entwicklung waren v.a. zwei sehr unschöne und ungeplante Ereignisse, die den Ruf nach einer offenen und transparenten Kirche haben laut werden lassen: auf der einen Seite der Missbrauchsskandal innerhalb der katholischen Kirche in Deutschland (2010), d.h. das Bekanntwerden zahlreicher Fälle sexuellen Missbrauchs durch Priester der katholischen Kirche, die z.T. jahrelang unsanktioniert und ohne Konsequenzen blieben, z.T. auch systematisch verschleiert wurden – sowie auf der anderen Seite der Finanzskandal um den Limburger Bischof Franz-Peter Tebartz-van Elst, der im Herbst 2013 wegen erheblich gestiegener Baukosten für das Diözesane Zentrum Sankt Nikolaus in Limburg, welches u.a. den Sitz des Bischofs beherbergt, kritisiert wurde und schließlich von seinem Amt zurücktrat. Auch der Stil der Amtsführung von Papst Franziskus hat das Thema Transparenz (v.a. mit Blick auf die Finanzen des Vatikans / die „Vatikanbank") an Bedeutung gewinnen lassen.

Die Forderung nach einer inneren und äußeren Transparenz der Kirche hat zahlreiche Facetten. Es geht um eine größtmögliche Transparenz der kirchlichen Finanzstrukturen (Offenlegung des Vermögens der Bistümer und aller sonstigen kirchlichen Einrichtungen, Offenlegung der Einnahmen aus der Kirchensteuer und deren genaue Verwendung), der kirchlichen Entscheidungsprozesse (Beteiligung von Gremien bei wesentlichen Entscheidungen des Bischofs oder des Pfarrers, transparente Wahl der Bischöfe unter Beteiligung der Vorschläge des Kirchenvolkes), weiterhin um eine vollständige und ungeschminkte Aufklärung des Missbrauchsskandals und seinen möglicherweise tieferliegenden Ursachen in der Priesterausbildung und den Umständen des priesterlichen Lebens. Wie sehr insbesondere die Forderung nach finanzieller Transparenz die Kirche beschäftigt, zeigt allein die Fülle an Literatur zu diesem Thema.[1]

Transparenz als kirchliches Leitprinzip

Der Ruf nach Transparenz innerhalb der Kirche ist nicht bloß eine Erwartung, die gleichsam von außen an sie herangetragen wird. Vielmehr handelt es sich hierbei um eine Erwartung von innen – bzw. besser um ein theologisches bzw. pastorales Grundprinzip, das der Kirche gleichsam eingestiftet ist. Das Wort „Transparenz" (lateinisch transparere = durchscheinen / durchsichtig sein) könnte man – theologisch gesprochen – auch mit Offenheit, Ehrlichkeit und Wahrhaftigkeit übersetzen – ein Anspruch, den die Kirche nicht nur von anderen abverlangen darf, sondern an dem sie immer auch selbst arbeiten muss.

Die theologische Begründung für die Transparenz der Kirche liegt auf der Hand. Die Kirche soll keine sektiererische, abgeschlossene Gruppierung sein. Vielmehr ist sie zu allen Völkern gesandt, um das Evangelium zu verkünden. So lauten die letzten Worte des Matthäusevangeliums: „Darum geht zu allen

---

[1] *Norbert Feldhoff*, Die Kirche und ihre Finanzen. Staatsleistungen, Aufsicht, Transparenz, in: Theologie der Gegenwart 58 (2015) 144-155; *Thomas Schüller*, Finanzen der Kirche. Kirchensteuer und Transparenz des Vermögens, in: Theologie und Glaube 105 (2015) 337-351; ders., Aus der Krise lernen. Zur Zukunft einer transparenten Vermögensverwaltung der katholischen Kirche, in: Herder-Korrespondenz 69 (2015) 11-15; ders., Transparenz ist angesagt. „Bischöfliche Stühle" und ihr Vermögen, in: Herder-Korrespondenz 68 (2014) 11-15; *Ralph Rotte*, Noch ein weiter Weg. Neue Transparenz und Reformanstrengungen bei den Vatikanfinanzen, in: Herder-Korrespondenz 68 (2014) 65-70; *Joachim Wiemeyer*, Für mehr Transparenz und Mitbestimmung bei den Kirchenfinanzen. Sozialethische Überlegungen zu Einnahmen, Ausgaben und Vermögen der katholischen Kirche, in: Amosinternational 9 (2015) 3-9

Völkern und macht alle Menschen zu meinen Jüngern" (Mt. 28, 19). Die Kirche soll also kein eingeschworener Eliteclub sein, in dem man unter sich bleibt, sondern vielmehr „Salz der Erde" (Mt. 5,13) und „Licht der Welt" (Mt. 5,14). Übrigens macht letztere Metapher noch einmal besonders schön deutlich, was „Transparenz" im ursprünglichen, d.h. etymologischen Sinne bedeutet – nämlich: Durchsichtigkeit, Durchscheinen, Durchleuchten, Ausstrahlen. So gibt Christus seinen Jüngern gleich zu Beginn der Bergpredigt Transparenz als Handlungsempfehlung mit auf den Weg: „Ihr seid das Licht der Welt. Eine Stadt, die auf einem Berg liegt, kann nicht verborgen bleiben. Man zündet auch nicht ein Licht an und stülpt ein Gefäß darüber, sondern man stellt es auf den Leuchter; dann leuchtet es allen im Haus. So soll euer Licht vor den Menschen leuchten, damit sie eure guten Werke sehen und euren Vater im Himmel preisen." (Mt. 5, 14-16)

Das Zweite Vatikanische Konzil hat die Kirche als Sakrament bzw. als Grundsakrament bezeichnet und damit deutlich gemacht, was die eigentliche Sinnrichtung der Kirche ist. Sie hat nämlich keinen Selbstzweck, vielmehr besteht die Mission, d.h. die Sendung der Kirche darin, auf Christus zu zeigen, ihn lebendig und berührbar in dieser Welt zu machen. So formuliert es die Dogmatische Konstitution „Lumen gentium" über die Kirche (1964) gleich zu Beginn: „Die Kirche ist ja in Christus gleichsam das Sakrament, das heißt Zeichen und Werkzeug für die innigste Vereinigung mit Gott wie für die Einheit der ganzen Menschheit." (Lumen gentium Nr. 1) Die Kirche will also Zeichen und Werkzeug für jemand anderen, nämlich für Christus sein. Damit dies gelingt, muss sie gleichsam transparent auf Christus hin sein. In ihr darf es also quasi keine Geheimnisse geben. Vielmehr muss alles Denken, Handeln und Sein der Kirche letztlich zu Christus führen. Der Maßstab der kirchlichen Transparenz ist damit kein anderer als Gott selbst, der die Wahrheit und damit die Transparenz in Person ist.

Wie eng der Ruf nach Transparenz mit dem Wesen der Kirche verbunden ist, hat der kürzlich verstorbene Pastoraltheologe und -psychologe Hermann

Stenger herausgearbeitet.[2] Transparenz ist eine Leitidee der Kirche und damit ein wichtiges Leitprinzip für das pastorale Handeln der Kirche. Jedes Handeln der Kirche – sei es in der Pastoral / Seelsorge, in der Verkündigung, in der Schule / Hochschule, in der kirchlichen Verwaltung oder auch nur im Alltag ihrer Repräsentanten – muss also von Transparenz geprägt sein. Hermann Stenger hat bereits im Jahr 1987 fünf Vorschläge für eine transparentere Kirche ausgearbeitet, die kurz skizziert werden sollen:

Institutionalisierung einer auf die Kirche selbst bezogenen Ideologiekritik – mit anderen Worten: eine Art „dogmatische Transparenz". Die Kirche muss ständig überprüfen, ob sie nicht selbst von Ideologien „infiziert" ist, die ihrer Transparenz schaden. Konkret bedeutet dies, dass auch die Kirche ihre dogmatischen Grundlagen immer wieder (vor der Vernunft) kritisch reflektieren muss und auch den Diskurs mit den „Andersdenkenden" nicht scheuen sollte. Wenn sich die Kirche stets ideologisch vor Neuerungen und „Reformen" verschließt, schadet sie sich selbst. Denn die Kirche ist wesensmäßig eine Ecclesia semper reformanda, d.h. eine Kirche, die immer wieder der Neuorientierung bedarf (und zwar auf Christus hin). Auch dies hat etwas mit Transparenz zu tun, damit die Kirche wirklich transparent für den sein kann, der wirklich hinter ihr steht und der ihr Fundament ist – Jesus Christus selbst.

Vermehrte Sorge um die pastorale Kompetenz des evangelisierenden kirchlichen Personals – man könnte sagen: eine Transparenz des Personals auf die eigentliche Botschaft hin. Damit die Frohe Botschaft auch transparent, d.h. authentisch und „botschaftsgerecht" verkündet werden kann, ist darauf zu achten, dass die Verkünder der Botschaft auch wirklich (ohne ideologische Abweichung) dahinter stehen und eine entsprechende pastorale Eignung aufweisen. Die Transparenz der Kirche steht und fällt mit der Transparenz der Menschen, die ihr ein Gesicht geben.

Überprüfung der Transparenz kirchlich-institutioneller Symbole und Symbolkomplexe – Ausgehend von dem Verständnis, dass unter einem Symbol

---

[2] *Hermann Stenger*, Für eine Kirche, die sich sehen lassen kann. Transparenz als pastoraltheologische Leitidee, in: Ehrenfried Schulz (Hrsg.), Den Menschen nachgehen. Offene Seelsorge als Diakonie in der Gesellschaft. FS Hans Schilling, St. Ottilien 1987, S. 65-78.

jeder Bedeutungsträger zu verstehen ist, geht es hier um die Transparenz all jener Handlungsformen, auf die Kirche zurückgreift: kirchliche Sprache und Symbolsprache (z.B. Kleidung, Rangabzeichen, Ehrentitel), kirchliche Institutionen und sämtliche kirchliche Gruppierungen. Angesichts der Forderung Jesu nach Armut und Demut seiner Jünger ist heutzutage etwa manch kirchlicher Ehrentitel oder manch prunkvolles Gewand, aber auch der Reichtum der Kirche als solcher zumindest auf den ersten Blick nicht mehr unmittelbar verständlich bzw. einsichtig – und damit „intransparent". Das mag zwar nicht darüber hinwegtäuschen, dass der Reichtum der kirchlichen Liturgie, der kirchlichen Architektur und Kunst letztlich nichts anderes bezweckt als Gott zu verherrlichen. Aber auf den ersten Blick wird dies dem Außenstehenden nicht mehr unmittelbar verständlich – und entsprechend kommt die Kirche hier in Rechtfertigungszwang. Gleichsam prophetisch müssen folgende Sätze mit Blick auf den „Limburger Finanzskandal" klingen: „Sorgfältig ist jedoch bei der Errichtung neuer kirchlicher Großbauten – Priesterseminare, Bildungshäuser, Seelsorgezentren usw. – zu überlegen, wie Ärgernisse – Da sieht man es wieder, wie reich die Kirche ist! – möglichst vermieden werden."[3] Auch dies ist letztlich wieder eine Frage und Aufgabe der Transparenz, die freilich über das bloße Offenlegen mancher Interna hinausgeht. Transparenz bedeutet auch: erklären, kommunizieren, verständlich machen.

Institutionell geförderte Beseitigung des kircheninternen Kommunikationsnotstandes – Transparenz hat in erster Linie etwas mit Kommunikation zu tun. Und gute Kommunikation kann nur gelingen, wenn sie wirklich (und wechselseitig) transparent erfolgt. Ganz konkret bedeutet dies etwa, dass kirchliche Entscheidungsprozesse (z.B. Personalentscheidungen) transparent erfolgen müssen und kircheninterne Probleme nicht liegengelassen werden dürfen, sondern ebenfalls transparent und proaktiv angegangen werden müssen.

Schrittweise Überwindung des „Pastoralen Grundschismas" – Mit Blick in die Zukunft der Kirche muss endlich das weitverbreitete Missverständnis

---

[3] *Herrmann Stenger*, a.a.O., S. 73.

überwunden werden, „die Kirche" bestehe aus der kirchlichen Autorität. „Kirche" ereignet sich nämlich nicht bloß dort, wo der Papst, wo ein Bischof oder ein Priester zugegen ist, sondern dort, „wo zwei oder drei in meinem Namen versammelt sind" (Mt. 18,20). Dieses Missverständnis macht schon einen großen Unterschied, denn es entrechtet (und entpflichtet) alle Getauften. Dabei muss die große Mission der Kirche, die Evangelisierung der Welt, von allen Christen getragen und vollzogen werden – und sie ereignet sich vor allem in den christlichen Familien (und nicht in der Kirchenbank).

Diese fünf Vorschläge für eine transparente Kirche gelten übrigens sowohl für die evangelische als auch die katholische Kirche. Mit Blick auf die katholische Kirche wird man wohl sagen können, dass sie zu intransparent ist, weil sie ihren Wesenskern lieber hütet, zu einem Geheimnis macht, für sich bewahrt (anstatt zu kommunizieren). Das Problem auf der evangelischen Seite wiederum ist, dass sie sich gar nicht so sehr im Klaren darüber ist, was ihr Wesenskern ist, was auch wiederum eine Form der Intransparenz (und Indifferenz) darstellt. Mit Blick auf beide christlichen Kirchen wird man sagen dürfen: Der erste Schritt hin zu einer transparenten Kirche ist es, diese Transparenz zu wollen. Bei einer Kirche, die allein in Deutschland ca. 24 Mio. Mitglieder und zahlreiche kirchliche Mitarbeiter umfasst, kann ein solcher Veränderungsprozess einige Zeit in Anspruch nehmen. Veränderungen lassen sich im Übrigen schwerlich „von oben" her machen. Vielmehr müssen sie „von unten" her – gemeinsam mit den Betroffenen – gestaltet werden. Mit anderen Worten: Wenn der Vorsitzende der Deutschen Bischofskonferenz große Reden über Transparenz in der Kirche schwingt, diese Transparenz aber schon auf Ebene der Pfarrgemeinde nicht gelebt wird, sind diese Wort nicht mehr als Schall und Rauch. Letztlich geht es also um einen kirchlichen Veränderungsprozess, der „alle mitnimmt". Dies funktioniert allerdings nicht ungeordnet, sondern setzt einen systematischen Change Management Ansatz voraus.[4]

---

[4] Vgl. dazu *Georg Dietlein*, Kirche im Aufbruch – Ein Change Management Ansatz für die katholische Kirche in Deutschland, Norderstedt 2015.

Mit Blick auf das Thema Transparenz ließen sich im kirchlichen Kontext folgende Handlungsfelder nennen:

1. „Dogmatische" Transparenz: Transparenz darüber, was das Fundament der Kirche ausmacht, was sie glaubt, was das konkret bedeutet, und Kommunikation darüber – gerade dann, wenn besagte Fundamente nicht mehr einfach verstanden werden

2. Transparenz über wesentliche Entscheidungen in der Kirche (inhaltlicher sowie personeller Natur): Transparenz bereits der Entscheidungsprozesse sowie ihrer Rahmenbedingungen, Transparenz der wesentlichen Faktoren und der ausschlaggebenden Aspekte. Im Rahmen religiöser Wahlen (z.B. Papstwahl, Bischofswahl) ist hierbei freilich der Aspekt des Unverfügbaren, des Heiligen bzw. des Geistgewirkten anzuerkennen. Bei der Papstwahl (Konklave) sollen die Kardinäle etwa nicht nach persönlichen Präferenzen und nach eigenem Willen wählen, sondern vielmehr den wählen, der dem Willen Gottes am besten entspricht.

3. Finanzielle Transparenz: Transparenz über sämtliche Geldflüsse, über Einkommen, Vermögensverhältnisse, Schulden, Gewinnerwartungen, Einkommens- und Vermögensprognosen.

4. Transparenz nicht nur über eigene Stärken, sondern auch über Fehler und Versagen: Transparenz bedeutet auch, mögliche Probleme zu antizipieren, möglichst zu vermeiden und, sollten sie sich realisieren, diese proaktiv aufzuarbeiten. Manchmal kann die eigene Stärke auch darin bestehen, eigene Schwächen einzugestehen und sich zu entschuldigen – besonders im kirchlichen Umfeld.[5]

Im Folgenden sollen exemplarisch zwei dieser Themenfelder herausgegriffen werden, bei denen ein Mangel an Transparenz in den vergangenen Jahren am

---

[5] Vgl. etwa *Keith Michael Hearit*, Crisis Management by Apology. Corporate Responses to Allegations of Wrongdoing, Mahwah 2006, S. 69: Fehler anerkennen, Mitleid und Mitgefühl ausdrücken, um Vergebung bitten, Identifikation mit den Betroffenen, Versöhnung erbeten, umfassende Offenlegung von Informationen, Erklärungen liefern, Fehler bekämpfen, korrektive Maßnahmen ergreifen, Schäden wiedergutmachen.

deutlichsten wurde: der Missbrauchsskandal (innerhalb der katholischen Kirche) sowie die Offenlegung der kirchlichen Vermögensverhältnisse.

Der Missbrauchsskandal – (auch) ein Skandal der Transparenz

Dass in der Vergangenheit Minderjährige von katholischen Geistlichen „gleichsam unter dem Dach der Kirche" sexuell missbraucht wurden und missbraucht werden konnten, ist bereits für sich ein Skandal, der zum Himmel schreit und die Glaubwürdigkeit der Kirche massiv beschädigt hat. Dass das mediale Gewitter 2010 umso heftiger ausfiel, hat viel mit dem Thema Transparenz zu tun. Denn seit dem Bekanntwerden zahlreicher Fälle sexuellen Missbrauchs durch Priester in den 1990er-Jahren[6] (1993 Kalifornien, 1994 Irland & Australien, 1995 Österreich, 1997 Belgien & Texas, 2000 Frankreich, 2001 England), spätestens seit September 2002, als die Deutsche Bischofskonferenz Leitlinien „Zum Vorgehen bei sexuellem Missbrauch Minderjähriger durch Geistliche im Bereich der deutschen Bischofskonferenz" verabschiedete, stand das Thema auf der Agenda der Verantwortlichen. Dass sich daraus eines Tages ein unglaublicher Skandal entwickeln musste, ließ sich also absehen. Doch anstatt das Thema proaktiv, ehrlich, unabhängig und bei Risiko eines Gesichtsverlustes anzugehen, wurde es jahrelang eher stiefmütterlich behandelt, um nicht zu sagen „unter den Teppich" gekehrt.

Sicherlich gab es von Seiten der kirchlichen Hierarchie immer wieder Bemühungen, Fälle sexuellen Missbrauchs aufzuklären und zu sanktionieren. Eine wichtige rechtliche Voraussetzung war dafür ein Schreiben Johannes Pauls II. aus dem Jahr 2001, wodurch er die Jurisdiktion über Vergehen / Verbrechen im Bereich des sexuellen Missbrauchs von der diözesanen Ebene unmittelbar nach Rom übertrug, was die Schwere solcher Verfehlungen durch Priester deutlich macht und eine systematische Verfolgung ermöglichte.[7] Durch diese

---

[6] Vgl. bereits *Elinor Burkett / Frank Bruni*, Das Buch der Schande. Kinder, sexueller Mißbrauch und die katholische Kirche, Wien / München 1995 (Original: A Gospel of Shame, New York 1993).

[7] *Papst Johannes Paul II., Motu Proprio* „Sacramentorum sanctitatis tutela" (30. April 2001), in: Acta Apostolicae Sedis 93 (2002) 737-739, Art. 4; vgl. dazu: *Klaus Lüdicke*, Der Glaubenskongregation vorbehalten. Zu den neuen strafrechtlichen Reservationen des Apostolischen Stuhls, in: Andreas Weiß / Stefan Ihli (Hrsg.), Flexibilitas Iuris Canonici. FS Richard Puza, Frankfurt a.

kleine, aber feine Reform müssen nun sämtliche Fälle sexuellen Missbrauches zentral an die Glaubenskongregation gemeldet werden, was die Vertuschung vor Ort verhindern sollte. Im Übrigen wurde die kirchenstrafrechtliche Verjährung auf 20 Jahre erhöht.

Auch im Nachgang dieser kleinen Reform blieb in Deutschland allerdings die Offensive aus, sämtliche Fälle, Vorwürfe und Verdachtsmomente sexuellen Missbrauchs schonungslos aufzuklären. Auch dies führte dazu, dass der Missbrauchsskandal 2010 medial so stark einschlug.

Aus weltlich-juristischer Sicht gab und gibt es in Deutschland übrigens für die Kirche keine Pflicht zur Aufklärung, insbesondere keine Pflicht zur Strafanzeige. Wer in Deutschland von einer begangenen Straftat Kenntnis erlangt und diese nicht anzeigt, handelt weder rechtswidrig noch strafbar. Strafbar ist – unter bestimmten Voraussetzungen – bloß die Nichtanzeige geplanter Straftaten (§ 138 StGB). § 138 StGB umfasst dabei allerdings nur bestimmte Kapitaldelikte und etwa nicht den Missbrauch Minderjähriger. Die frühere Justizministerin Brigitte Zypries hatte im Jahr 2003 zwar eine Ausweitung des § 138 StGB auch auf den noch andauernden oder bevorstehenden Missbrauch eines Kindes vorgesehen. Strafbar hätten sich durch die Nichtanzeige allerdings bloß Angehörige und Nachbarn gemacht (und etwa keine kirchlichen Stellen), was in der Fachwelt für starke Kritik sorgte. So hätte sich ein Opfer nämlich nicht mehr an einen Nachbarn oder Angehörigen vertrauensvoll wenden können, ohne damit sofort einen Automatismus strafrechtlicher Verfolgung auszulösen. Bis dato gibt es keine strafrechtlich normierte Pflicht kirchlicher Stellen, Fälle sexuellen Missbrauchs oder auch nur Verdachtsfälle anzuzeigen.

Umso wichtiger war und ist für die Kirche ein selbstauferlegter Maßnahmenkatalog, um Verdachtsfälle transparent aufzuklären. Die Missbrauchs-Leitlinien der Deutschen Bischofskonferenz aus dem Jahr 2002 stellten noch das kircheninterne Verfahren bzw. die „kirchliche Voruntersuchung" sehr in

---

M. u. a. 2003, 441-455; *Norbert Lüdecke*, Sexueller Missbrauch von Kindern und Jugendlichen durch Priester aus kirchenrechtlicher Sicht, in: MThZ 62 (2011) 33-60.

den Fokus. Danach sollte bei einer Anzeige / Meldung an einen Missbrauchsbeauftragten diese Meldung zunächst kirchenintern geprüft werden. Bei Erhärtung des Verdachtes sollte eine kirchenrechtliche Voruntersuchung eingeleitet werden. Erst dann sollte der Bereich des Kircheninternen verlassen werden: „In erwiesenen Fällen sexuellen Missbrauchs Minderjähriger wird dem Verdächtigten zur Selbstanzeige geraten und ggf. das Gespräch mit der Staatsanwaltschaft gesucht." (Leitlinie 7)

Im August 2010 wurden diese Leitlinien erweitert und verschärft.[8] Mittlerweile ist eine umfassende Kooperation mit den Strafverfolgungsbehörden vorhergesehen: „Sobald tatsächliche Anhaltspunkte für den Verdacht eines sexuellen Missbrauchs an Minderjährigen vorliegen, leitet ein Vertreter des Dienstgebers die Informationen an die staatliche Strafverfolgungsbehörde und – soweit rechtlich geboten – an andere zuständige Behörden (z. B. Jugendamt i. S. d. § 8a SGB VIII, Schulaufsicht) weiter. Rechtliche Verpflichtungen anderer kirchlicher Organe bleiben unberührt." (Leitlinie 26) Selbst „eine angemessene Information der Öffentlichkeit unter Wahrung des Persönlichkeitsschutzes der Betroffenen" (Leitlinie 47) ist nunmehr vorhergesehen. Die neuen Leitlinien gelten im Übrigen nicht mehr nur für Priester / Geistliche, sondern für sämtliche haupt- und ehrenamtliche kirchliche Mitarbeiter, die mit Kindern oder Jugendlichen arbeiten. Von diesen ist künftig ein polizeiliches Führungszeugnis einzuholen.

Die Erfahrung des Missbrauchsskandals hat der katholischen Kirche gezeigt, dass Transparenz nicht nur eingefordert wird, sondern dass sich Transparenz auch im eigenen Interesse lohnt. Letztlich ist keinem damit geholfen, wenn die Wahrheit verborgen bleibt oder nur die halbe Wahrheit ans Licht kommt. Die Aufarbeitung der Missbrauchsfälle war für die Kirche ein schwerer und zum Teil auch schmerzlicher Prozess, durch den die Kirche viel gelernt hat.

---

[8] http://www.dbk.de/fileadmin/redaktion/diverse_downloads/presse/2010-132a-Leitlinien.pdf.

Transparenz der Finanzen

Im Gegensatz zu Personenhandelsgesellschaften oder Kapitalgesellschaften (vgl. § 266 HGB) sind die einzelnen Bistümer bzw. Erzbistümer der katholischen Kirche gesetzlich nicht dazu verpflichtet, am Ende eines jeden Jahres eine Bilanz aufzustellen und diese auch zu veröffentlichen. Auch die Rechts- bzw. Organisationsform der einzelnen Bistümer als Körperschaften öffentlichen Rechts verändert daran nichts. Da die einzelnen Diözesen kirchliche Zwecke verfolgen (§ 54 AO), sind sie zudem steuerbefreit, so dass es auch im Verhältnis zur Finanzverwaltung zu keiner Aufdeckung der kirchlichen Vermögensverhältnisse kommt.

Im Laufe der Zeit wurde, gerade im Zuge des „Limburger Finanzskandals", der Ruf nach Transparenz immer lauter. Die Menschen wollten endlich erfahren, wie reich die Kirche wirklich ist. Diese Frage konnten allerdings, was ein wenig grotesk erscheinen mag, nicht einmal die kirchlichen Verantwortlichen beantworten, da eine Bewertung des kirchlichen Vermögens (Anlagevermögen für Rückstellungen, Immobilien, Unternehmensbeteiligungen, Wertpapiere, Kirchengebäude etc.) bislang nicht vorgenommen worden war und auch nicht allzu einfach sein würde. Die Gründe hierfür sind vielfältig. Einerseits bestand in der Vergangenheit überhaupt kein Bedarf, eine (durchaus kostenintensive) Bilanz der kirchlichen Vermögensverhältnisse aufzustellen. Dass die Kirche durchaus Vermögensgegenstände (Kirchengebäude, Pfarrheime, Pfarrhäuser) benötigt, um ihren kirchlichen Verkündigungsdienst zu erfüllen, und auch weiteres Anlagekapital halten muss, um z.B. entsprechende Altersrückstellungen für die kircheneigenen Mitarbeiter zu bilden, war gemeinhin anerkannt. Erst die öffentliche Nachfrage nach den kirchlichen Vermögensverhältnissen führte zu entsprechendem Handlungsbedarf. Andererseits ist eine Bewertung kirchlichen Vermögens im Einzelfall auch nicht allzu einfach, da solches Vermögen oft keinen Verkehrswert hat. So ließen sich Kirchengebäude z.B. mit ihren (historischen) Anschaffungs- bzw. Herstellungskosten ansetzen. Im Fall einer gewöhnlichen Pfarrkirche lägen diese Kosten bei einigen Millionen. Wollte man den Kölner Dom bewerten, käme man bereits auf Herstellungskosten von ca. 10 Mrd. €. Der Umstand, dass der Kölner Dom keinen Gewinn „abwirft", sondern vielmehr jeden Tag 30.000 € kostet, und diese Kosten nur knapp durch Spenden und weitere Zuwendungen bestritten werden können, legt bereits nahe, dass man dem Kölner Dom und zahlreichen anderen kunstvollen Kirchen keinen materiellen, sondern bloß einen ideellen Wert zumessen kann. Als Orte religiösen Vollzugs sind Kirchengebäude auch nicht verkehrsfähig. Vielmehr müssten sie, sollten sie verkauft werden, zu Veranstaltungs- oder Ausstellungsräumlichkeiten umfunktioniert werden. Dies führt zu der Erkenntnis, dass sich gar nicht so genau sagen lässt, was das kirchliche Vermögen denn wirklich wert ist.

Wohlgemerkt ging es bei der Offenlegung der kirchlichen Vermögensverhältnisse ausschließlich um das Vermögen, nicht aber um die Einnahmen der Kirche. Denn diese legen die einzelnen Bistümern schon seit einiger Zeit freiwillig offen. Die Kirche (als größter nicht-staatlicher Arbeitgeber Deutschlands) bestreitet ihre gewaltige Ausgabenstruktur, bestehend vor allem aus Personalkosten und Kosten für die Reparatur / Renovierung von Kirchengebäuden, in erster Linie aus den ca. 5 Mrd. € Kirchensteuer (katholische Kirche), die ihr jährlich zufließen. Hinzu kommen noch die „Staatsleistungen" an die Kirche, die die einzelnen Länder den Diözesen als Entschädigung für die historischen Enteignungen im Rahmen des Reichsdeputationshauptschlusses (1803) zahlen. Hierbei handelt es sich also nicht um verdeckte staatliche Subventionen an die Kirche, sondern vielmehr um rechtlich geschuldete Entschädigungszahlungen, die sogar verfassungsrechtlich (Art. 140 GG i.V.m. Art. 138 Abs. 1 WRV) abgesichert sind. Im Jahr 2015 beliefen sich die Staatsleistungen an die beiden christlichen Kirchen auf insgesamt 510 Mio. €, wovon die evangelische Kirche 298 Mio. € und die katholische Kirche 212 Mio. € erhielt. Art. 138 Abs. 1 WRV enthält übrigens den Verfassungsauftrag, dass die Staatsleistungen an die Kirche (durch Einmalzahlung) abgelöst werden sollen. Die Väter der Verfassung von 1919 hatten bereits antizipiert, dass in einem säkularen Rechtsstaat staatliche Zuwendungen an die Kirchen zunehmend einem Rechtfertigungsdruck ausgesetzt sein würden, dem der Staat zumindest heutzutage nicht mehr mit einem

Verweis auf Entschädigungen von 1803 gerecht zu werden vermag. Entsprechend wird gerade in letzter Zeit die Forderung lauter, die verfassungsrechtlich gebotene Ablösung der Staatsleistungen an die Kirche endlich zu vollziehen.[9] Hierbei muss angemerkt werden, dass entsprechende Ablösungsvereinbarungen zwischen Staat und Kirche in einigen Ländern bereits erfolgt sind und die Kirchen diesem Anliegen offen und kooperativ gegenüber stehen. Allein der Staat ist die Umsetzung des Verfassungsauftrags von 1919 seit bald 100 Jahren schuldig – vermutlich auch deshalb, weil eine einmalige Ablösungszahlung an die Kirchen den überschuldeten Staat maßlos überlasten würde. Der einmalig zu zahlende Ablösungsbetrag für die Staatsleistungen müsste nämlich dem abgezinsten Kapitalwert einer ewigen Rente in Höhe von ca. 500 Mio. entsprechen, der sich abhängig vom Zinssatz im Rahmen von 10 bis 25 Mrd. € bewegen würde (Zinssatz von 2-5 %).

Auch die Rechtswissenschaft beschäftigt sich zunehmend mit der Frage, wie die Zukunft der Kirchenfinanzierung in Deutschland aussehen könnte bzw. sollte.[10] Ausgegangen wird dabei einerseits von der Tatsache, dass die Einnahmen aus der Kirchensteuer (infolge kirchlichen Mitgliederschwundes) real immer weiter abnehmen, es andererseits aber auch im öffentlichen Interesse liegt, dass die Kirche ihre vielfältigen Angebote und Dienstleistungen (kirchliche Kindergärten, Schulen, Caritas, Kirche / Kirchen als Kulturträger) aufrecht erhält und entsprechend für eine Finanzierung gesorgt ist.

---

[9] Vgl. etwa den Gesetzentwurf der Fraktion Die Linke (Entwurf eines Gesetzes über die Grundsätze zur Ablösung der Staatsleistungen an die Religionsgesellschaften) vom 29.02.2012, BT-Drs. 17/8791.

[10] Arnd Uhle (Hrsg.), Kirchenfinanzen in der Diskussion. Aktuelle Fragen der Kirchenfinanzierung und der kirchlichen Vermögensverwaltung, Berlin 2015; ders., Kirchenfinanzierung in Europa. Erscheinungsformen, Eignung, Zukunftsperspektiven, in: Rees / Roca / Schanda (Hrsg.), Neuere Entwicklungen im Religionsrecht europäischer Staaten, S. 743 ff.; ders., Die öffentliche Finanzierung der Religionsgemeinschaften im säkularen Verfassungsstaat, in: Gerosa / Müller (Hrsg.), Politik ohne Religion?, S. 191; ders., Instrumente der Kirchenfinanzierung. Eine vergleichende Analyse, in: Karlies Abmeier (Hrsg.), Geld, Gott und Glaubwürdigkeit, Paderborn 2016, S. 193 ff.; ders., Kirchenfinanzierung in der Diskussion – Anmerkungen zu den Finanzierungsformen der Gegenwart, in: Müller / Rees / Krutzler (Hrsg.), Vermögen der Kirche – Vermögende Kirche? Beiträge zur Kirchenfinanzierung und kirchlichen Vermögensverwaltung, Paderborn 2015, S. 89 ff.

Unabhängig davon hatte der „Limburger Finanzskandal" eine kirchliche Transparenzoffensive zur Folge. Er führte einerseits zu einem intensiven Diskurs zum Themenbereich Kirche & Finanzen[11], andererseits aber auch zu der gewünschten Offenlegung der kirchlichen Finanzen. Seit 2014 haben die einzelnen Bistümer nacheinander über das Vermögen sämtlicher Vermögensträger umfassend informiert, womit sich die Medien zufrieden gaben.

Streng genommen hat die Offenlegung der kirchlichen Vermögensverhältnisse aber nicht viel an ihrer Kontrolle und Verwaltung verändert, worum es im Fall Limburg ja eigentlich ging. Dies zeigt bereits an, dass es beim Thema Kirche & Finanzen um wesentlich mehr geht als um die Offenlegung von Zahlen. Um eine verlässliche Finanzierung der Kirche in Zukunft zu erreichen, sind nach Stefan Heße, ehemaliger Kölner Generalvikar und nunmehr Erzbischof von Hamburg, folgende Punkte zu beachten: umfassende Transparenz, effiziente Kontrolle, gesamtgesellschaftliche Akzeptanz und eine realitätsgerechte Sozialgestalt.[12] Eine effiziente Kontrolle kirchlicher Finanzen (etwa durch den Diözesanvermögensverwaltungsrat) kann wiederum nur gelingen, wenn sie durch mehrere Instanzen geht (Bischof, Domkapitel, Verwaltungsgremium, z.T. Beteiligung des Heiligen Stuhls bei Geschäften ab 5 Mio. €) und von (mehreren, unabhängigen) Fachleuten begleitet wird.[13] Die entsprechenden rechtlichen Vorgaben bestanden auf diesem Gebiet bereits vor „Limburg". Spätestens seit „Limburg" legen die einzelnen Diözesen nun auch Wert darauf, dass die Kontrolle der kirchlichen Vermögensverwaltung fachlich unabhängig und kompetent erfolgt. Dadurch erfüllt die Kirche nicht nur die Erwartungen der Medien, sondern tut sich letztlich selbst einen Gefallen.

Die kirchliche Transparenzoffensive in Vermögensfragen hat die Kirche letztlich für die Zukunft gestärkt. Sie hat die bisherige defensive Verteidi-

---

[11] *Stefan Heße*, Die Kirche und das liebe Geld. Der Umgang mit den Bistumsfinanzen, in: Lebendiges Zeugnis 69 (2014) 14-24; *Norbert Feldhoff*, Die Kirche und ihre Finanzen, in: Theologie der Gegenwart 58 (2015) 144-155; *ders.*, Wie reich ist die Kirche in Deutschland?, in: Stimmen der Zeit 232 (2014) 657-666.
[12] *Stefan Heße*, a.a.O.
[13] Vgl. dazu *Thomas Schüller*, Perspektiven für eine transparente Vermögensverwaltung, in: Karlies Abmeier (Hrsg.), Geld, Gott und Glaubwürdigkeit, Paderborn 2016, S. 309-319.

gungshaltung in eine Offensive verkehrt, so dass die Kirche nun auch für weitere Anfragen und Krisen gewappnet ist. Natürlich bietet eine vollständige finanzielle Transparenz auch Angriffsfläche für Kirchenkritiker, für Neider, für den Staat und selbst für die eigenen Mitarbeiter, die nun ggf. ein besseres Gehalt erwarten (dürfen). Letztlich führt eine größtmögliche Transparenz der Gelder – wie bei einer NGO – aber zu einer stärkeren Glaubwürdigkeit, die die Kirche dringend gebrauchen kann.

Autorenverzeichnis

Benjamin Fadavian ist Wissenschaftlicher Mitarbeiter am Seminar für Staatsphilosophie und Rechtspolitik (Direktor: Prof. Dr. Otto Depenheuer) an der Rechtswissenschaftlichen Fakultät der Universität zu Köln und Referent der Geschäftsführung bei regio iT GmbH in Aachen.

Dieter Rehfeld ist Vorsitzender der Geschäftsführung bei regio iT GmbH in Aachen und Vorsitzender der Deutsch-Niederländischen-Gesellschaft zu Aachen e.V. (DNG).

René Schneider ist Mitglied des Landtages von Nordrhein-Westfalen für den Landtagswahlkreis Wesel II. Er ist u.a. ordentliches Mitglied im Ausschuss für Kultur und Medien des Landtages von Nordrhein-Westfalen sowie Mitglied der Medien- und Netzpolitischen Kommission der SPD im Bund.

Jorma Klauss ist hauptamtlicher Bürgermeister der Gemeinde Roetgen (Nordrhein-Westfalen)

Dieter Hofmann ist Initiator des Netzwerks Offene Kommunen.NRW und Koordinator des Kompetenznetz Bürgerhaushalt Wuppertal.

Sebastian Schwiering ist Rechtsanwalt mit den Schwerpunkten IT-, Datenschutz- und Medienrecht. Er ist zertifizierter externer Datenschutzbeauftragter (TÜV).

Benjamin Heese ist Leiter Politik und Regierungsbeziehungen (Stabstelle Sonderaufgaben der Geschäftsführung) beim Flughafen Köln/Bonn.

Oliver Mersmann und *Jonas Abs* sind Regionalvorsitzende der Jungen Deutschen Gesellschaft für Auswärtige Politik Nordrhein-Westfalen.

Hanna Brauers ist Masterstudentin des Wirtschaftsingenieurwesens (Fachrichtung: Energie- und Ressourcenmanagement) an der TU Berlin und studentische Hilfskraft am Deutschen Institut für Wirtschaftsforschung (DIW) in Berlin.

Georg Dietlein ist katholischer Journalist, Publizist und Autor.

Zeitfracht Medien GmbH
Ferdinand-Jühlke-Straße 7
99095 Erfurt, Deutschland
produktsicherheit@kolibri360.de